この本の特色としくみ

本書は，中学の古文・漢文の内容を３段階のレベルに分け，ステップ式で学習できる問題集です。各単元は，Step1(基本問題)とStep2(標準問題)の順になっており,学習内容のまとまりごとにStep3(実力問題)があります。また,巻末には「高校入試　総仕上げテスト」を設けているため，入試本番に向けた実戦的な対策にも役立ちます。

絶対覚えよう　入試で頻出の絶対に覚えておきたい古典文法の基礎事項をピックアップ。

例題　まずはやさしい古文や漢文を通して、読み取りに慣れるようにします。

重要語句　問題で扱った文章に含まれる、特に重要な古文単語を確認することができます。

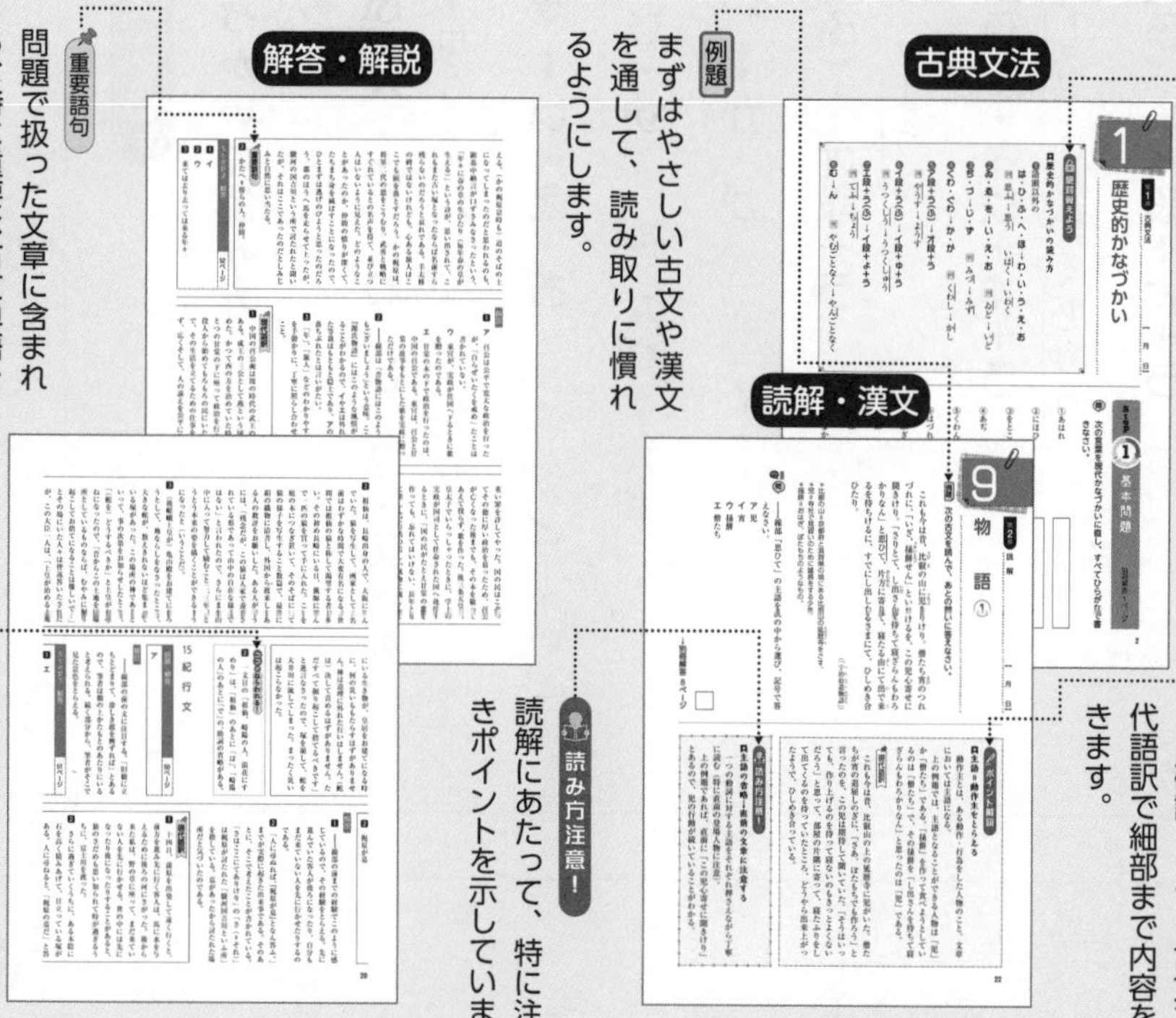

ポイント解説　例題で扱った文章の読解ポイントを確認します。古文では、現代語訳で細部まで内容を確認できます。

読み方注意！　読解にあたって、特に注意すべきポイントを示しています。

ココがねらわれる！　入試で出題されやすいポイントを解説しています。

もくじ

本書に関する最新情報は，当社ホームページにある本書の「サポート情報」をご覧ください。(開設していない場合もございます。)

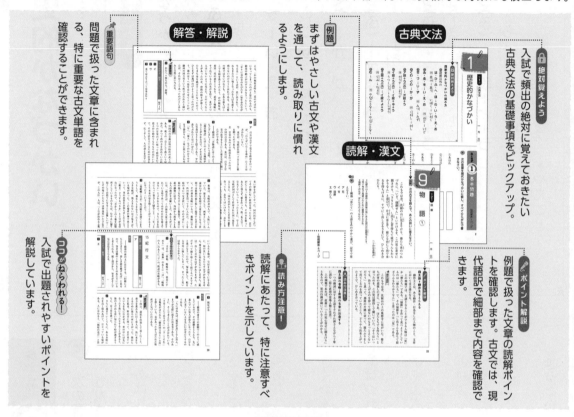

1

第1章 古典文法

歴史的かなづかい

【　月　日】

絶対覚えよう

★**歴史的かなづかいの読み方**

❶語頭以外の **は・ひ・ふ・へ・ほ→わ・い・う・え・お**
例 思ふ→思う　いはく→いわく

❷**ゐ・ゑ・を→い・え・お**　例 ゐど→いど

❸**ぢ・づ→じ・ず**　例 みづ→みず

❹**くわ・ぐわ→か・が**　例 くわし→かし

❺**ア段＋う(ふ)→オ段＋う**
例 やうす→ようす

❻**イ段＋う(ふ)→イ段＋ゆ＋う**
例 うつくしう→うつくしゅう

❼**エ段＋う(ふ)→イ段＋よ＋う**
例 てふ→ちょう

❽**む→ん**　例 やむごとなく→やんごとなく

Step 1 基本問題

別冊解答 1ページ

問 次の言葉を現代かなづかいに直し、すべてひらがなで書きなさい。

①あはれ

②にほひ

③をとこ

④あぢ

⑤くわんねん

⑥はづれ

⑦あふぎ

⑧けふ

⑨きふ

⑩ゐなか

Step 2 標準問題

別冊解答 1ページ

1 次の各語のうち、歴史的かなづかいが使われているものを選び、記号で答えなさい。

ア ふじ
イ おほいどの
ウ あけぼの
エ めず

□

2 よくでる

次の――線部を現代かなづかいに直し、すべてひらがなで書きなさい。

① 名をば、さぬきのみやつことなむ（ア）いひ（イ）ける。（「竹取物語《たけとりものがたり》」）

② 万《よろづ》（ウ）の事も、始め終《おは》り（エ）こそをかしけれ（オ）。（兼好法師《けんこうほうし》「徒然草《つれづれぐさ》」）

ア □　イ □

ウ □　エ □

オ □

---

3 よくでる

次の古文を読んで、あとの問いに答えなさい。

おほかた（いったい）、詩（漢詩）を作り、和歌を詠み、手（書）を書く輩《ともがら》（人々）は、書きとめつれば、末の世までも朽つることなし。こゑわざ（声をつかう芸能）の悲しきことは、我が身（うたう人自身）隠れぬるのち、とどまることのなきなり。その故《ゆゑ》に、亡《な》からむ跡《あと》（亡くなったあと）に人見よとて、いまだ世になき今様《いまやう》の口伝《くでん》＊を作りおくところなり。（「梁塵秘抄《りょうじんひしょう》」）

＊口伝＝ここでは、口頭で伝わっていたことを記した書物。

問 ――線部「おほかた」を現代かなづかいに直し、すべてひらがなで書きなさい。〔青森〕

□

2 古文特有の言葉

【 月 日】

絶対覚えよう

古文では、現代語では使われていない言葉や、現代語とは違う意味で使われる言葉に注意が必要である。

❶現代語では使われていない言葉

例 **いとど**…いよいよ。ますます。
いみじ…はなはだしい。すばらしい。ひどい。
げに…本当に。なるほど。
つれづれなり…何もすることがなく退屈だ。
年ごろ…長年。
やむごとなし…位が高い。この上なく特別だ。
ゆかし…見たい。聞きたい。知りたい。

❷現代語とは違う意味で使われる言葉

例 **あはれなり**…しみじみとした趣がある。
ありがたし…めったにない。
あやし…不思議だ。身分が低い。
おどろく…目を覚ます。
なかなか…かえって。むしろ。
やがて…そのまま。すぐに。
をかし…趣がある。

Step 1 基本問題

別冊解答 1ページ

問 次の――線部の言葉の意味をそれぞれあとから選び、記号で答えなさい。

① 春はあけぼの。やうやう白くなりゆく山ぎは、すこしあかりて、紫だちたる雲のほそくたなびきたる。
（清少納言《せいしょうなごん》「枕草子《まくらのそうし》」）

ア いつの間にか　イ 次第に
ウ ついに　エ すぐに

② いとあはれなる事も侍《はべ》りき。
（鴨長明《かものちょうめい》「方丈記《ほうじょうき》」）

ア 思いがけず　イ 早くも
ウ わずかに　エ 非常に

③ 皇子《みこ》は、立つもはした、ゐるもはしたにて、ゐたまへり。
（「竹取物語《たけとりものがたり》」）

ア 座る　イ 寝る
ウ 走る　エ 見る

④ うつくしきもの　瓜《うり》にかきたるちごの顔。
（「枕草子」）

ア きれいな　イ すばらしい
ウ かわいらしい　エ 楽しい

Step 2 標準問題

別冊解答 1ページ

1 次の□に入る、「趣がある」という意味の古語をあとから選び、記号で答えなさい。

まいて雁《かり》などのつらねたるが、いと小さく見ゆるはいと□。
（「枕草子」）

ア わろし
イ あさまし
ウ ありがたし
エ をかし

□

2 よくでる 次の――線部の言葉の意味をそれぞれあとから選び、記号で答えなさい。

① 夏は夜。月のころはさらなり、闇《やみ》もなほ、蛍の多く飛びちがひたる。
（「枕草子」）

② 友とするにわろき者、七つあり。
（兼好法師《けんこうほうし》「徒然草《つれづれぐさ》」）

ア ふさわしい
イ よくない
ウ みっともない
エ 言うまでもない

① □　② □

3 次の古文を読んで、あとの問いに答えなさい。

人の心、もとより、善悪なし。善悪は、縁*に随《したが》つて起《おこ》る。たとへば、人、発心《ほっしん》（仏道修行をする心を起こして）して、山林に入る時は、林家*は善し、人間*は悪《あ》しと思へり。また、退心（修行する心が鈍って）して、山林を出《い》づる時は、山林は悪しと云《い》ふ。これ、即《すなは》ち（いいかえれば）、決定《けつぢやう》（必ず）、心に定相《ぢやうさう》（一定不変の状態）無き故に、縁に随つて、ともかくもなるなり。故に、善縁に逢《あ》へば心善くなり、悪縁に近づけば心悪しくなるなり。我が心、もとより悪しと思ふことなかれ（思ってはならない）。ただ善縁に随ふべきなり。
（孤雲懐奘《こうんえじょう》「正法眼蔵随聞記《しょうぼうげんぞうずいもんき》」）

＊縁＝ここでは、周囲の状況のこと。
＊林家＝山林の中の家。
＊人間＝ここでは、世間一般の人の家。

問 ――線部「ともかくもなるなり」の現代語訳として最も適当なものを、次の中から選び、記号で答えなさい。

ア 何とかしたくなるものである
イ こうしてほしくなるものである
ウ どうでもよくなるものである
エ どのようにもなるものである

〔愛知〕 □

3 古文の特徴

【　月　日】

絶対覚えよう

日本語は省略の多い言語であると言われるが、古文では、それが際立《きわだ》っている。内容をとらえるには省略された語を補って考えることが必要である。

❶主語（動作主）の省略

古文では、一度動作主が示されると、それ以降は改めて示されないことが多い。また一文が長く、途中で動作主が入れ替わることもある。文脈を追いながら、文の意味が自然に通るよう、常に主語を意識しておくことが大切である。

❷目的語や述語の省略

文脈から明らかな場合は、目的語や述語が省略されることもある。場面の話題をとらえておくことが重要になる。

❸助詞の省略

主語を示す「は・が・の」や、目的語を示す「を」などの助詞もしばしば省略される。

例 客人《まらうと》来たり…客が来た
酒飲まん…酒を飲もう

Step 1 基本問題

別冊解答 2ページ

問 次の古文を現代語訳するときに□の位置に補うべき助詞をそれぞれあとから選び、記号で答えなさい。

① にくきもの　いそぐ事□あるをりに来て、長言《ながごと》するまらうど。（清少納言《せいしょうなごん》「枕草子《まくらのそうし》」）

ア を　イ や
ウ に　エ の

□

② 遥《はる》かなる苔《こけ》の細道をふみわけて、心ぼそく住みなしたる庵《いほり》□あり。（兼好法師《けんこうほうし》「徒然草《つれづれぐさ》」）

ア が　イ に
ウ を　エ と

□

③ その沢のほとりの木のかげにおりゐて、かれいひ*□食ひけり。（「伊勢物語《いせものがたり》」）

ア の　イ を
ウ が　エ へ

□

＊かれいひ＝乾飯。旅行用の食料として干した飯。

Step 2 標準問題

別冊解答 2ページ

1 次の古文を現代語訳するときには、□の部分に助詞を補ったほうがよい。二つの□に共通して入る助詞を、ひらがな一字で書きなさい。

火など□いそぎおこして、炭□もて渡るもいとつきづきし。（「枕草子」）

□

2 よくでる

次の――線部「ほとびにけり」は「ふやけてしまった」という意味だが、あとの現代語訳の□に入る言葉を書きなさい。

みな人、かれいひの上に涙おとしてほとびにけり。（「伊勢物語」）

［現代語訳］

すべての人は、乾飯の上に涙を落として□がふやけてしまった。

□

3 次の古文を読んで、あとの問いに答えなさい。

裘《かはごろも》（毛皮で作った衣服）を焚《や》きて倹《けん》を示《しめ》す

晋《しん》の武帝、はじめて御くらゐにつき給《たま》ふとき、司馬（軍事をつかさどる役職）程拠《ていきよ》と申す者、雉《きじ》のかしらの毛をもつて裘をおり、武帝に是《これ》を①たてまつる。その裘のはなやかなる事、たとへん（たとえようが）方《かた》はなかりけり。武帝このよし（こと）を御覧じて、御こころにおぼしめされけるは、もしみづからこの裘を着るならば、下万民《しもばんみん》にいたるまで、いづれも是をまなび（まねをして）つつ、さだめて（きっと）華麗《くわれい》を好むべし。しよせん（それでは）この裘をなにかせんとおぼしめし、すなはち②仰《おほ》せつけられて、御殿《ごてん》の御前《おまへ》において、火をもつて焚き捨て給へり。是華麗を好まず、衣装《いしやう》を飾らざる事を、人に示さんためとかや。（「帝鑑図説《ていかんずせつ》」）

問 ――線部①「たてまつる」、――線部②「仰せつけられて」の主語の組み合わせとして最も適当なものを、次の中から選び、記号で答えなさい。

ア ①程拠 ②武帝　イ ①万民 ②武帝

ウ ①程拠 ②万民　エ ①万民 ②万民

〔山形〕 □

4 係り結びの法則

【　月　日】

絶対覚えよう

文中に「ぞ・なむ・や・か・こそ」の係助詞がある場合、それを受ける文末を終止形以外の決まった活用形で結ぶ。これを**係り結びの法則**という。

❶文末を連体形で結ぶもの

・**ぞ**　例　〜ぞ〜ける。
・**なむ**　例　〜なむ〜たる。
・**や**　例　〜や〜ある。
・**か**　例　〜か〜なる。

❷文末を已然《いぜん》形で結ぶもの

・**こそ**　例　〜こそ〜けれ。

参考　主な言葉の連体形と已然形

・**あり**…（連体形）ある／（已然形）あれ
・**けり**…（連体形）ける／（已然形）けれ
・**べし**…（連体形）べき／（已然形）べけれ
・**ぬ**…（連体形）ぬる／（已然形）ぬれ
・**（あはれ）なり**…（連体形）なる／（已然形）なれ
・**（美）し**…（連体形）しき／（已然形）しけれ

Step 1 基本問題

別冊解答 3ページ

問　次の――線部の言葉は係り結びの法則により、終止形以外の形になっている。それぞれ対応する係助詞を抜き出して書きなさい。

① 人と生まれたらんしるしには、いかにもして世を遁《のが》れんことこそ、あらまほしけれ。（兼好法師《けんこうほうし》「徒然草《つれづれぐさ》」）

② 親のあはすれども聞かでなむありける。（「伊勢物語《いせものがたり》」）

③ よろづの遊びをぞしける。（「竹取物語《たけとりものがたり》」）

④ その竹の中に、もと光る竹なむ一筋ありける。（「竹取物語」）

Step 2 標準問題

別冊解答 3ページ

1 次の古文から、係り結びを二組さがし、それぞれ係助詞と結びの語を抜き出して書きなさい。

大臣、上達部《かんだちべ》を召して、「いづれの山か天に近き」と問はせたまふに、ある人奏す、「駿河《するが》の国にあるなる山なむ、この都も近く、天も近くはべる」と奏す。

（「竹取物語」）

係助詞		結びの語
	—	
	—	

よくでる

2 次の――線部に注意して、□に入る言葉をあとから選び、記号で答えなさい。

ふと過ぎてはづれたるこそ、いと□。

（清少納言《せいしょうなごん》「枕草子《まくらのそうし》」）

ア くちをしかり
イ くちをしき
ウ くちをしかる
エ くちをしけれ

□

3 次の古文を読んで、あとの問いに答えなさい。

わが友魚淵《なぶち》といふ人の所に、天《あめ》が下にたぐひなき牡丹《ぼたん》咲きたりとて、いひつぎ、きき伝へて、界隈《かいわい》はさらなり、よそ国の人も、足を労してわざわざ見に来るもの、日々おほかりき。おのれもけふ通りがけに立ちより侍《はべ》りけるに、五間《けん》ばかりに花園をしつらひ、雨覆《おほ》ひの蔀《しとみ》など今様《いまやう》めかしてりりしく、白、紅《くれなゐ》、紫、花のさま透間《すきま》もなく咲き揃《そろ》ひたり。其《そ》の中に、黒と黄なるは、言ひしに違《たが》はず、目をおどろかす程《ほど》めづらしく妙《たへ》なるが、心をしづめてふたたび花のありさまを思ふに、ばさばさとして何となくみすぼらしく、外《ほか》の花に＊たくらぶれば、今を盛りの＊たをやめの側《そば》に、むなしき屍《かばね》を粧《よそほ》ひ立てて、並べおきたるやうにて、さらさら色つやなし。是主人《これあるじ》のわざくれに、紙もて作りて、葉がくれにくくりつけて、人を化かすにぞあり□。

（小林一茶《こばやしいっさ》「おらが春《はる》」）

＊たくらぶれば＝比較をすると。
＊たをやめ＝若々しく美しい乙女。

問 □に入る言葉を次の中から選び、記号で答えなさい。

ア けら　　イ けり
ウ ける　　エ けれ

〔巣鴨高〕 □

Step 3 実力問題

別冊解答 3ページ

時間 50分 合格点 35点 得点 点

【 月 日】

1 次の古文を読んで、あとの問いに答えなさい。（17点）

老子のいはく、「欲多ければ身をそこなひ《悪くし》、財《たから》《財宝》多ければ身をわづらはす《苦しめ悩ませる》」といへり。わづらはすとは、用心に隙《いとま》なき心《（財宝を守る）用心のために余裕がない》なり。げにも《実際》飽《あ》き足《だ》る《十分に満足する》事を知らざる者は、欲深き故なれば《欲が深いため》、これわざはひの本也《もとなり》《災難にあう原因となる》。財は又身をそこなふ種《たね》《原因》なり。この故に欲をばほしゐままにすべからず《その欲のままに振る舞ってはいけない》。つねに足《た》る事を知るべし。

（浅井了意《あさいりょうい》「浮世物語《うきよものがたり》」）

問一 ——線部「ほしゐままに」を現代かなづかいに直し、すべてひらがなで書きなさい。（7点）

問二 この話の中で、作者は欲のままに振る舞わず、どのようなことを心がけるべきだと述べているか。最も適当な部分を十一字で抜き出して書きなさい。（10点）

（岐阜）

2 次の古文を読んで、あとの問いに答えなさい。（7点）

＊故＊鎌倉の右大将家《うだいしやうけ》の御時《おんとき》、武蔵《むさし》の江戸、子細《しさい》有りて、召されて、葛西《かさい》に給《た》びけるに、＊葛西兵衛《かさいのひやうゑ》申しけるは、「御恩をかぶり候《さふら》ふは、親しき者どもをも顧《かへり》みんが為《ため》なり。身一つはとてもかくても候ひぬべし。江戸既に親しく候ふ。僻事《ひがこと》候はば他人にこそ給《たま》はり候はめ」と申すに、「争《いか》で給はらざるべき。若《も》し給はらずは、汝《なんぢ》が所領も召し取るべし」と叱り給ひけれども、「＊御勘当《ごかんだう》をかぶる程の事は、運の窮《きは》まりにてこそ候はめ。力及ばず候ふ。さればとて、給はるまじき所領を、争か給はるべく候ふ」と申しければ、江戸をもさすが取り給はず。

（無住「沙石集《しゃせきしゅう》」）

＊故＝その人が亡《な》くなっている意を表す。
＊鎌倉の右大将家＝源頼朝《みなもとのよりとも》の一門。
＊葛西兵衛＝葛西の壱岐前司《いきぜんじ》のこと。
＊御勘当＝目上の人のおとがめ。おしかり。

問 ——線部「候ひぬべし」を現代かなづかいに直し、ひらがなで書きなさい。ただし、漢字の部分はそのまま使用すること。

（三重）

3 次の古文を読んで、あとの問いに答えなさい。(8点)

（源八は）市店に至り盃《さかづき》を買ひて、その大小心にかなふを択《えら》みて、「瑕《きず》なきや」と問ふ。市人「なし」とこたへたれば、やがて《そのまま》値を出《い》だし盃を懐《ふところ》にして帰り①しを、妻熟視《つらつらみ》て、盃の裏の糸底*に瑕あるを見出だし、「かく《このように》」といへば、源八また懐にしてかの所に往《ゆ》き、盃を返して、「何故《どうして》に我を欺くぞ」といふ。市人、過《あやま》ちを謝し、「値を返さん」といふ時、源八、「我は欺きを受くることを欲《ほっ》せず、故に盃を返すなり。値をしむにはあらず。汝《なんぢ》《あなた》は値を欲する故に我を欺くなり。今我欺きを受けざれば望み足る。汝もまた値を得れば望み足れり。是《こ》れ両《ふた》つながら望み足れば、何ぞ《どうして》値を返す②を受けんや《受け取れようか》」といひ捨て帰る。

（三熊花顛《みくまかてん》「続近世畸人伝《ぞくきんせいきじんでん》」）

＊糸底＝陶磁器の底部。

よくでる 問 ——線部①「帰り」、——線部②「返す」の主語の組み合わせとして最も適当なものを、次の中から選び、記号で答えなさい。

ア ①源八　②源八　　イ ①源八　②市人

ウ ①市人　②市人　　エ ①市人　②源八

〔兵庫〕

4 次の古文を読んで、あとの問いに答えなさい。(18点)

つれづれなる折①、昔の人《昔、なじみだった人》の文見出《みい》でたるは、ただその折の②心地して、いみじくうれしくこそおぼゆれ。まして亡き人などの書きたるものなど見るは、いみじくあはれに、年月の多く積もりたるも《のに》、ただ今筆うち濡《ぬ》らして書きたるやうなるこそ、返す返すめでたけれ《本当にすばらしいことです》。

（「無名草子《むみょうぞうし》」）

重要 問一 ——線部①「つれづれなる折」の意味として最も適当なものを、次の中から選び、記号で答えなさい。(8点)

ア 楽しいとき　イ 忙しいとき

ウ 悲しいとき　エ 退屈なとき

問二 ——線部②「その折の心地して」とあるが、どういうことを表しているか。最も適当なものを、次の中から選び、記号で答えなさい。(10点)

ア 昔もらった手紙を紛失したことに困惑していること。

イ 手紙を良い機会に見つけたという喜びに浸っていること。

ウ 手紙の送り主が今も生きているような気がすること。

エ 手紙を受け取った当時の気持ちがよみがえってくること。

〔鳥取〕

5 助動詞①

【　月　日】

絶対覚えよう

○**る・らる**…尊敬（**お〜になる**）・受け身（**〜れる、〜られる**）・可能（**〜できる**）

例 山奥に追いやらる（山奥に追いやられる→受け身）
大臣の仰せらる（大臣がお話しになる→尊敬）

○**す・さす**…使役（**〜せる、〜させる**）・尊敬（**お〜になる**）

例 馬走らす（馬を走らせる→使役）
御身は疲れさせ給ふ（お身体はお疲れになる→尊敬）

○**ず**…打ち消し（**〜ない**）
連体形の「ぬ」、已然《いぜん》形の「ね」など、特殊な形もあるので注意が必要である。

例 山高からず（山は高くない）
高からぬ山に登る（高くない山に登る）

○**む（ん）**…推量（**〜だろう**）・意志（**〜しよう**）
現代語の「う・よう」に相当する。

例 必ずや風吹かむ（きっと風が吹くだろう→推量）

例 いざ、行かむ（さあ、行こう→意志）

Step 1 基本問題

別冊解答 4ページ

問 次の——線部の助動詞の意味をそれぞれあとから選び、記号で答えなさい。

① ありがたきもの　舅《しうと》にほめらるる婿《むこ》。（清少納言《せいしょうなごん》「枕草子《まくらのそうし》」）

ア 尊敬　イ 受け身　ウ 可能　エ 打ち消し

□

② 名を、御室戸斎部《みむろどいむべ》の秋田をよびて、つけさす。（「竹取物語《たけとりものがたり》」）

ア 受け身　イ 尊敬　ウ 使役　エ 推量

□

③ 京には見えぬ鳥なれば、みな人見しらず。（「伊勢物語《いせものがたり》」）

ア 打ち消し　イ 可能　ウ 尊敬　エ 推量

□

④ 乗りて渡らむとするに、みな人ものわびしくて、……（「伊勢物語」）

ア 意志　イ 完了　ウ 推量　エ 可能

□

Step 2 標準問題

別冊解答5ページ

1 次の□に入る、「～させる」という意味の助動詞をあとから選び、記号で答えなさい。

妻《め》の嫗《おうな》にあづけてやしなは□。

（「竹取物語」）

ア ず　イ らる　ウ す　エ む

□

よくでる

2 次の――線部の現代語訳をそれぞれあとから選び、記号で答えなさい。

① 恋しからむことの堪《た》へがたく、湯水《ゆみづ》飲まれず、同じ心に嘆かしがりけり。

（「竹取物語」）

ア 湯水を飲もうとして
イ 湯水をお飲みになって
ウ 湯水を飲みたがって
エ 湯水を飲むこともできないで

□

② これや我《わ》が求むる山ならむと思ひて、さすがに恐《おそ》ろしくおぼえて……

（「竹取物語」）

ア 山だろう
イ 山ではない
ウ 山なのか
エ 山だった

□

3 次の古文を読んで、あとの問いに答えなさい。

＊初矢《はや》と乙矢《おとや》とにて美事に二羽の雁《かりがね》を射落ししかば、満座の衆賓喝采《かっさい》し、さすがに＊加侯は勝《すぐ》れたる臣下を持ち給ふとて、何《いず》れも感嘆已《や》まざりけり。已《すで》にして賓去り、客散じけるに、＊大蔵《おおくら》は衣襟を正し、恭《うやうや》しく御次の間に伺候《しこう》し、近臣を以《もっ》て長の暇を願出《い》でければ、侯大いに驚き、しばし手をこまぬいて黙考せられけるが、やがて了《さと》る所やありけん、大蔵を呼び入れ、「我甚だあやまれり。以来は慎むべければ、何とぞ止まりくれよ」と、謝せられしに、大蔵承はり、かかる仰せある以上は是非に及ばずとて、そのままにぞ仕へける。

（山田三川《やまださんせん》「想古録《そうころく》」）

＊初矢と乙矢＝二本持って射る矢のうち、最初のものを初矢、二番目のものを乙矢という。
＊加侯＝加賀藩第二代藩主前田利常《まえだとしつね》。
＊大蔵＝吉田茂氏《よしだしげうじ》。江戸時代前期の弓術家で、前田利常に仕え、大阪の陣で功をたてた。京都三十三間堂の通し矢で六回天下一となった。

問 ――線部「是非に及ばず」の、ここでの意味として最も適当なものを、次の中から選び、記号で答えなさい。

ア どちらでもよい　イ やむをえない
ウ 迷わない　エ 大丈夫だろう
オ 心配ない

□〔愛光高〕

【　月　日】

6 助動詞②

絶対覚えよう

○き…過去（〜た）

連体形が「し」、已然《いぜん》形が「しか」という特殊な活用なので注意する。

例 声せざりき（声はしなかった）

○けり…過去（〜た）・詠嘆（〜なあ）

例 松もありけり（松もあった→過去）

まことに異なりけり（本当に違っているのだなあ→詠嘆）

○ぬ…完了（〜た）

例 草枯れぬ（草が枯れてしまった）

○たり…完了（〜た）・存続（〜ている）

例 花咲きたり（花が咲いた→完了）

咲きたる花をめづ（咲いている花を観賞する→存続）

○なり…断定（〜だ、〜である）

例 富士は高き山なり（富士は高い山である）

○らむ（らん）…推量（〜だろう）

例 いづこにあるらむ（どこにあるのだろう）

Step 1 基本問題

別冊解答 5ページ

問 次の――線部の助動詞の意味をそれぞれあとから選び、記号で答えなさい。

① 妻戸をいま少しおしあけて、月見る気色なり。（兼好法師《けんこうほうし》「徒然草《つれづれぐさ》」）

ア 断定　イ 推量

ウ 伝聞　エ 打ち消し

② 鬼のやうなるものいで来て、殺さむとしき。（「竹取物語《たけとりものがたり》」）

ア 受け身

イ 推量

ウ 存続

エ 過去

③ 翁《おきな》、心地悪《あ》しく苦しき時も、この子を見れば苦しきこともやみぬ。（「竹取物語」）

ア 打ち消し

イ 受け身

ウ 尊敬

エ 完了

Step 2 標準問題

別冊解答 5ページ

1 次の□に入る、存続の意味を表す助動詞をあとから選び、記号で答えなさい。

君をもわれをもいはひなどし□、*さまことにをかし。
（清少納言《せいしょうなごん》「枕草子《まくらのそうし》」）

ア ざる　イ たる
ウ なる　エ らむ

＊さまことにをかし＝様子はとりわけ趣深い。

□

2 よくでる 次の——線部の現代語訳をそれぞれあとから選び、記号で答えなさい。

① 今は昔、竹取の翁といふものありけり。（「竹取物語」）

ア がいるのだなあ　イ がいるのだろう
ウ がいた　エ がいるのである

□

② わななくわななく書きて取らせて、いかに思ふらむと、わびし。（「枕草子」）

ア どのようにも思わない
イ どのようにか思ったのだ
ウ どう思われたか
エ どう思うだろう

□

3 次の古文を読んで、あとの問いに答えなさい。

弟子、*同朋《どうぼう》、名残惜しみ悲しぶ。聞き及ぶ人、*遠近《をちこち》、市のごとくに集まりて、「仙に登る人、見む。」とて、集ひたりけるに、この僧、*片山のそばにさし出でたる巌《いはほ》の上に登りぬ。「一度に空へ登りなむと思へども、近くまづ遊びて、ことのさま、人々に見せ奉らむ。」とて、「かの巌の上より、下に生ひたりける松の枝に居て遊ばむ。」とて、谷より生ひあがりたる松の上、*四五丈ばかりありけるを、*さげざまに飛ぶ。人々、目をすまし、あはれを浮かべたるに、いかがしつらむ、心や臆《おく》したりけむ、かねて思ひしよりも、身重く、力浮き浮きとして弱りにければ、飛びはづして、谷へ落ち入りぬ。
（「十訓抄《じっきんしょう》」）

＊同朋＝友人。
＊遠近＝あちらこちらから。
＊片山＝一方だけが山や崖となっている山。
＊四五丈＝一丈は約三メートル。
＊さげざま＝下に向かって。

問 ——線部「心や臆したりけむ」の現代語訳を次から選び、記号で答えなさい。

ア 気おくれでもしたのだろうか。
イ 気おくれはしないのだろうか。
ウ 気おくれはしなかったのだろうか。
エ 気おくれでもなさったのだろうか。

□
〔灘高—改〕

7 助詞

【 月 日】

絶対覚えよう

○**や（やは）・か（かは）**
…疑問（～か）・反語（～か、**いや～ない**）
反語とは、疑問の形で述べて、そうでないことを強調する表現方法。疑問の意味か反語の意味かは、文脈で判断する。

○**だに**…程度の軽いことを取り上げて、より程度の重いことを類推させる（**～さえ**）
例 ちり一つだになし（ちり一つさえない→何もない）

○**な～そ**…禁止（**～するな**） 例 な泣きそ（泣くな）

○**ば**…順接の仮定条件（**もし～たら**）、順接の確定条件（**～から、～ので**）
例 雨降らば～（雨が降ったら～→順接の仮定条件）
雨降れば～（雨が降るので～→順接の確定条件）

○**で**…前の内容を打ち消して接続する（**～ないで、～ずに**）
例 もの言はで～（ものも言わないで～）

○**なむ**…他に対する願望（**～てほしい**）
例 花咲かなむ（花が咲いてほしい）

Step 1 基本問題

別冊解答 6ページ

問 次の――線部の助詞の意味をそれぞれあとから選び、記号で答えなさい。

① をかしなど、世＊の常に言ふべくやはある。（清少納言《せいしょうなごん》「枕草子《まくらのそうし》」）

ア 反語　イ 禁止
ウ 詠嘆　エ 並立

＊世の常に言ふべく＝世間並みに言うことができる。

② 用ありて行きたりとも、その事果てなば、とく帰るべし。（「枕草子」）

ア 順接の確定条件
イ 順接の仮定条件
ウ 逆接の確定条件
エ 逆接の仮定条件

③ はや夜も明けなむと思ひつつゐたりけるに……（「伊勢物語《いせものがたり》」）

ア 感動
イ 願望
ウ 疑問
エ 打ち消し

Step 2 標準問題

別冊解答 6ページ

1 次の□に入る、打ち消しの意味を表す助詞をあとから選び、記号で答えなさい。

さては扇のにはあら□、くらげのななり　（「枕草子」）

ア が　イ ば　ウ で　エ に

2 よくでる　次の――線部の現代語訳をそれぞれあとから選び、記号で答えなさい。

① 物知らぬこと、なのたまひそ　（「竹取物語《たけとりものがたり》」）

ア おっしゃってください
イ おっしゃったのですか
ウ おっしゃってはいけません
エ おっしゃいますな

② 蛍ばかりの光だになし。　（「竹取物語」）

ア 光さえない
イ 光ではない
ウ 光などない
エ 光にちがいない

3 次の古文を読んで、あとの問いに答えなさい。

*勧修寺*宰相家に古き屏風《びやうぶ》のありけるを、いつの頃よりか、物のうしろに押しやりて用ゐることもなかりしに、ある時*穂波殿の*侍所《さむらひどころ》より、「屏風やある。貸し給へ」といひ*遣《おこ》せしに、取り出して見れば、女の多く寄りて居《を》れる様を絵に描《か》きたり。縁《ふち》損じ紙破れて浅ましく成りたるを、そのままにて借り、その夜穂波殿の*はした者、*坪《つぼ》の内にて怪しき女の子抱きたるに行き逢《あ》ひ、驚きおびえけり。

（松井成教「落栗物語《おちぐりものがたり》」）

*勧修寺＝姓の一つ。
*宰相＝大臣。
*穂波殿＝姓の一つ。勧修寺氏の流れ。
*侍所＝家の事務をつかさどる侍の詰め所。
*いひ遣す＝言ってくる。
*はした者＝召使いの女。
*坪＝中庭。

問 ――線部「屏風やある」の現代語訳を次の中から選び、記号で答えなさい。

ア 屏風があります
イ 屏風がありますか
ウ 屏風はありません
エ 奇妙な屏風ですね
オ 素晴らしい屏風ですね

〔中央大学杉並高〕

8 敬語

【　月　日】

絶対覚えよう

古文の世界では身分の上下が重視されていて、敬語がよく使われる。

❶尊敬語

例 **おはす**…いらっしゃる。おいでになる。
おぼす…お思いになる。
奉る《たてまつ》…召し上がる。お乗りになる。
のたまふ…おっしゃる。
給ふ…お与えになる。くださる。
召す…お呼びになる。お食べになる。

❷謙譲語

例 **奏す**《そう》…申し上げる。奏上する。
奉る・参らす…差し上げる。～申し上げる。
たまはる…いただく。
侍り《はべ》…仕える。控える。おります。
さぶらふ（さうらふ）…仕える。参上する。

❸丁寧語

例 **侍り**…です。ございます。
さぶらふ（さうらふ）…です。ございます。

Step 1 基本問題

別冊解答 6ページ

問 次の——線部の言葉の意味をそれぞれあとから選び、記号で答えなさい。

① これを聞きて、かぐや姫、すこしあはれとおぼしけり。（「竹取物語《たけとりものがたり》」）

ア お返事なさった
イ お話しになった
ウ お書きになった
エ お思いになった

□

② こは、なでふことをのたまふぞ。（「竹取物語」）

ア 申し上げる
イ お尋ねになる
ウ おっしゃる
エ お考えになる

□

③ 我朝ごと夕ごとに見る竹の中におはするにて知りぬ。（「竹取物語」）

ア いらっしゃる
イ お座りになる
ウ お隠れになる
エ お入りになる

□

Step 2 標準問題

別冊解答 7ページ

1 次の――線部の言葉は、ア尊敬語、イ謙譲語のどちらか。記号で答えなさい。

① 壺《つぼ》なる御薬たてまつれ。（「竹取物語」）

② や、な起《おこ》し奉りそ。（「宇治拾遺物語《うじしゅういものがたり》」）

①［　］ ②［　］

2 よくでる 次の――線部の言葉の意味をそれぞれあとから選び、記号で答えなさい。

① 御前の方《かた》に向《むか》ひて、うしろざまに、「誰々《たれたれ》か侍る」と問ふこそをかしけれ。（清少納言《せいしょうなごん》「枕草子《まくらのそうし》」）

② 九月廿日《ながつきはつか》の比《ころ》、ある人に誘はれ奉りて、明くるまで月見歩《あり》く事侍りしに、……（兼好法師《けんこうほうし》「徒然草《つれづれぐさ》」）

ア いらっしゃる
イ ございます
ウ なさる
エ 控える

①［　］ ②［　］

3 次の古文を読んで、あとの問いに答えなさい。

*閣を閉ぢて唯《ただ》聞く朝暮の*鼓《つづみ》
楼に登りて遥《はる》かに望む往来の船
河陽館《かやうくわん》に行幸《ぎやうがう》す　*弘仁《こうにん》*御製

故*賢相伝へて云《い》はく、*白氏文集《はくしぶんしふ》の一本の詩、渡来して御《ご》所《しょ》に在り。*尤《もと》も秘蔵《ひさう》せられ、人敢《あ》へて見ることなし。この句はかの集に在り。叡覧《えいらん》の後、すなはちこの*観に行幸せられ、この御製有るなり。*小野篁《をののたかむら》を召して見せしめたまふに、すなはち奏して曰《い》はく、「『遥《よう》』をもつて『空』と為《な》さば、いよいよ美《よ》かるべし」といへり。

（藤原実兼《ふじわらのさねかね》「江談抄《こうだんしょう》」）

＊閣＝高い建物。　＊鼓＝時をつげる太鼓。
＊河陽館＝淀川《よどがわ》のほとりにあった離宮。　＊行幸＝天皇が外出すること。
＊弘仁＝嵯峨《さが》天皇。　＊御製＝天皇が作った詩文。　＊賢相＝賢い大臣。
＊白氏文集＝唐の時代の中国の詩人である白楽天《はくらくてん》の詩文集。
＊尤も＝とりわけ。　＊この観＝河陽館に同じ。
＊小野篁＝平安時代の漢詩人、歌人。

問 ――線部「召して」の解釈として最も適当なものを、次の中から選び、記号で答えなさい。

ア 嵯峨天皇がお呼びになって
イ 嵯峨天皇が派遣なさって
ウ 賢相が叱責なさって
エ 賢相がお褒めになって

〔京都〕［　］

Step 3 実力問題

別冊解答 7ページ

時間 50分　合格点 35点　得点 点　【 月 日】

1 次の古文を読んで、あとの問いに答えなさい。(37点)

今は昔、高忠《たかただ》といひける越前守《えちぜんのかみ》の時に、いみじく不幸なりける侍の、夜昼まめなるが、冬なれど、*帷《かたびら》をなん着たりける。雪のいみじく降る日、この侍、清めすとて、物の憑《つ》きたるやうに震ふを見て、守、「歌詠め。をかしう降る雪かな」といへば、この侍、「何を題にて仕《つかま》つるべき」と申せば、「裸なる由《よし》を詠め」といふに、程もなく震ふ声をささげて詠みあぐ。

はだかなる我が身にかかる白雪はうちふるへども消えせざりけり

と誦《よ》みければ、守いみじくほめて、着たりける衣を脱ぎて[a]取らす。北の方《かた》も哀れがりて、薄色の衣のいみじう香ばしきを[b]取らせたりければ、二つながら取りて、かいわぐみて、脇に挟みて[c]立ち去りぬ。*侍に行きたれば、居並《ゐな》みたる侍ども見て、驚きあやしがりて[d]問ひけるに、かくと聞きてあさましがりけり。

さてこの侍、その後《のち》見えざりければ、あやしがりて、守尋ねさせければ、北山に貴き*聖《ひじり》ありけり、そこへ行きて、この得たる衣を二つながら取らせて、いひけるやう、「年まかり老いぬ。身の不幸、年を追ひてまさる。この生の事は益《やく》もない身に候ふめり。後生をだにいかでと覚えて、[e]法師にまかりならんと思ひ侍れど、戒師《かいし》に奉るべき物の候はねば、今に過し候ひつるに、かく思ひかけぬ物を賜《たま》はりたれば、限りなくうれしく思ひ給へて、これを布施《ふせ》に参らするなり」とて、「法師になさせ給へ」と涙にむせかへりて泣く泣くいひければ、聖いみじう貴みて、法師になしてけり。さてそこより行方《ゆくかた》もなくて失せにけり。在所知らずなりにけり。

(『宇治拾遺物語《うじしゅういものがたり》』)

*帷＝裏地をつけない粗末な衣服。
*侍＝侍たちが待機しているところ。
*聖＝山中にこもり修行をする徳の高い僧。出家の戒めを与えてくれる。後の戒師に同じ。

よくでる **問一** ――線部a〜eの主語は誰か。最も適当なものを次の中からそれぞれ選び、記号で答えなさい。ただし、同じ記号をくり返し選んでも構いません。(6点×5)

ア 守　イ 不幸なりける侍
ウ 北の方　エ 居並みたる侍ども

a □　b □　c □　d □　e □

問二 ＝＝線部「参らするなり」の解釈として最も適当なものを、次の中から選び、記号で答えなさい。(7点)

ア 持っていかせます　イ 降参します
ウ 差し上げます　エ 派遣します
オ 頂きます

〔西大和学園高〕

2 次の古文を読んで、あとの問いに答えなさい。(13点)

自害のさま、最期の時の言葉、さまざまに申[a]されければ、鎌倉殿「あはれ剛の者かな。人ごとにこの心を持たせばや。＊九郎につきたる若党、一人として愚かなる者こそなけれ。＊秀衡《ひでひら》も見る所ありてこそ、多くの侍どもの中に＊これら兄弟をつけたりけれ。いかなれば東国にこれほどの者のなかるらん。余の者百人を召し使はんよりも、九郎が志をふつと忘れて頼朝《よりとも》に仕へば、大国小国は知らず、＊八ヶ国においてはいづれの国にても一国は」とぞ仰せ[b]ける。＊千葉、葛西《かさい》これを承り[c]、「あはれ由《よし》なき者のありさまかな。生きてだにも捕り下されたらば、召しも使はれ参ら[d]すべきものを」とぞ申しける。＊畠山《はたけやま》殿申されけるは、「心も及ばず、よくこそ死にて候へ。死にて候へばこそ、君にもかかる御景色にて候へ[e]。終《つひ》には死ぬべき者の、余の侍どもに顔を目守《まぼ》られんも、心憂《こころう》かるべし。忠信ほどの剛の者の、日本国を賜《たま》るとも、判官《はうぐわん》殿の御志を忘れ参らせて、君に＊堅固使はれ参らせ候ふまじきものをや」と、残るところもなくぞ申しける。

〔「義経記《ぎけいき》」〕

＊九郎＝源義経《みなもとのよしつね》。
＊秀衡＝藤原《ふじわらの》秀衡。奥州の豪族で、義経を幼少時代から養育、庇護《ひご》した。
＊これら兄弟＝佐藤継信《さとうつぐのぶ》・忠信《ただのぶ》の兄弟。
＊八ヶ国＝関東の八つの国。
＊千葉、葛西、畠山殿＝いずれも源頼朝の家臣。
＊堅固＝必ず。

問一 ――線部a～eの中から、「言う」の尊敬語にあたる語を一つ選び、記号で答えなさい。(6点)

重要
問二 ＝＝線部「人ごとにこの心を持たせばや」を、次のように現代語訳したとき、〔　〕に入るのにふさわしい言葉を五字で答えなさい(句読点等は含まない)。(7点)

配下の者皆に、この忠信のような心を〔　〕ものよ。

〔早稲田実業学校高〕

9 物語①

【　月　日】

例題 次の古文を読んで、あとの問いに答えなさい。

これも今は昔、比叡《＊ひえ》の山に児《＊ちご》ありけり。僧たち宵《よひ》のつれづれに、「いざ、掻餅《＊かいもちひ》せん」といひけるを、この児心寄せに聞きけり。「さりとて、し出《いだ》さんを待ちて寝ざらんもわろかりなん」と思ひて、片方《かたかた》に寄りて、寝たる由《よし》にて出《い》で来《く》るを待ちけるに、すでにし出したるさまにて、ひしめき合ひたり。

（『宇治拾遺物語《うじしゅういものがたり》』）

＊比叡の山＝京都府と滋賀県の境にある比叡山の延暦寺《えんりゃくじ》をさす。
＊児＝寺社で見習いのために雑務をする少年。
＊掻餅＝おはぎ、ぼたもちのようなもの。

重要 **問** ――線部「思ひて」の主語を次の中から選び、記号で答えなさい。

ア 児
イ 宵
ウ 掻餅
エ 僧たち

□

→別冊解答 8ページ

ポイント解説

★主語＝動作主をとらえる

動作主とは、ある動作・行為をした人物のこと。文章においては主語になる。

上の例題では、主語となることができる人物は「児」か「僧たち」である。「掻餅」を作って食べようとしているのは「僧たち」で、その掻餅を「し出さんを待ちて寝ざらんもわろかりなん」と思ったのは「児」である。

現代語訳

これも今は昔、比叡山の上の延暦寺に児がいた。僧たちが宵の退屈しのぎに、「さあ、ぼたもちでも作ろう」と言ったのを、この児は期待して聞いていた。「そうはいっても、作り上げるのを待って寝ないのもきっとよくないだろう」と思って、部屋の片隅に寄って、寝たふりをして出てくるのを待っていたところ、どうやら出来上がったようで、ひしめき合っている。

読み方注意！

★主語の省略→直前の文章に注意する

一つの動詞に対する主語をそれぞれ押さえながら丁寧に読む（特に直前の登場人物に注意）。

上の例題であれば、直前に「この児心寄せに聞きけり」とあるので、児の行動が続いていることがわかる。

Step 1 基本問題

別冊解答 8ページ

1 次の古文を読んで、あとの問いに答えなさい。

これも今は昔、田舎の児の比叡の山へ登りたりけるが、桜のめでたく咲きたりけるに、風のはげしく吹きけるを①見て、この児さめざめと泣きけるを②見て、僧の*やはら寄りて、「などかうは泣かせ給ふぞ。この花の散るを惜《を》しう覚えさせ給ふか。桜ははかなきものにて、かく程なくうつろひ候《さぶら》ふなり。されどもさのみぞ候ふ」と慰めければ、「桜の散らんは*あながちにいかがせん、苦しからず。我《わ》が父《てて》の作りたる麦の花の散りて実の入《い》らざらん思ふがわびしき」といひて、さくりあげて、*よよと泣きければ、*うたてしやな。

（「宇治拾遺物語」）

*やはら寄りて＝静かにやさしく近づいて。
*あながちにいかがせん＝どうしようもないことですから。
*よよ＝おいおい、わあわあと。
*うたてしやな＝がっかりさせられるなあ。

問 ――線部①「見て」、――線部②「見て」の主語をそれぞれ書きなさい。

①

②

2 次の古文を読んで、あとの問いに答えなさい。

これも今は昔、絵仏師良秀《りやうしう》といふありけり。家の隣より火出《い》で来て、風おし掩《おほ》ひて*責めければ、逃げ出でて大路《おほち》へ出でにけり。人の書かする仏もおはしけり。また衣《きぬ》着ぬ妻子なども、さながら内にありけり。それも知らず、ただ逃げ出でたるを*事にして、向《むか》ひのつらに立てり。見れば、すでに我《わ》が家に移りて、煙《けぶり》、炎*くゆりけるまで、大方《おほかた》向ひのつらに立ちて眺めければ、あさましき事とて人ども来《き》とぶらひけれど、騒がず。「いかに」と人いひければ、向ひに立ちて、家の焼くるを見てうち頷《うなづ》きて時々笑ひけり。

（「宇治拾遺物語」）

*責めければ＝火が迫ってきたので。
*事にして＝よいことにして。
*くゆりけるまで＝くすぶりだしたころまで。

よくでる 問 ――線部「騒がず」の主語を書きなさい。

Step 2 標準問題

別冊解答 9ページ

【　月　日】

1 次の古文を読んで、あとの問いに答えなさい。

*もろこしに狙公《そこう》といへる人、猿をおほくかはれしに、色々芸をしへけるに、其時《そのとき》とち*を食はするなり。一日に七つ食はせけるが、朝四つ食はせて色々の曲をしへければ、みな猿共《ども》よろこびてならふ。暮《くれ》には又三つ食はせける。又朝三つ食はせければ、猿共いかりて曲をならはざるとなり。朝暮七つなれば同じことなるに、愚かなるものぞ。世の人の愚痴《ぐち》なるにたとへて荘子《さうじ》*がいひしとなり。朝三暮四といふ故事なり。かかる事猿のみにあらず。人の上におほき事なり。つつしむべしと、ある人おほせられし。

（「百物語《ひゃくものがたり》」）

*もろこし＝中国の古い呼び名。
*とち＝トチノキ科の落葉高木。ここでは「とちの実」のこと。
*荘子＝中国の思想家。

記述式 問　——線部「猿共いかりて」とあるが、猿たちが怒ったのはなぜか。二十五字以内で書きなさい。

---

2 次の古文を読んで、あとの問いに答えなさい。

一休《いっきゅう》*京都に御さなさるる《いらっしゃる》時、御近所に人にすぐれて《人と比べてとても》ⓐしわき《けちな》僧ありけるが、一休へ毎度御無心《むしん》をのみ申し上《（ものを）お借りすることばかり》げけり。

ある時、一休、かの有欲《うよく》の僧へ茶うす*を借りにつかはされける《使いの者をお送りになった》。ⓑかの僧返事申し上げけるは、茶うすの儀《茶うすの件の》御申し越しなされ候《さふら》ふ《申し出をなさったこと》、やすきほどの御事にて候へど《ございますが》も、他所《よそ》へ貸し申し候へば癖がつき申し候ふあいだ、《（悪い）癖がついてしまいますので、》こなたへ《こちらへ》挽《ひ》きにつかはさるべきよし申し上げければ《人を寄こしてくださいと》、其《そ》のぶんにてやみ給《たま》ひぬ《それだけで止めなさった》。ほど経て《しばらくして》、かの有欲の僧、一休の御寺へ登梯《のぼりはし》*を借りにつかひける。一休聞こしめして《お聞きになって》御返事あるこそおかしけれ。やすき事にて候へども、他所へ貸せば癖が悪くなり候ふほどに、こなたへ御越しありて登り給へ。

（「一休関東咄《いっきゅうかんとうばなし》」）

*一休＝一休宗純《そうじゅん》。室町時代中期の禅宗の僧。
*茶うす＝茶葉を挽いて粉末状にする道具。
*登梯＝はしご。

記述式 問　——線部「しわき僧」について、本文中にⓐ、ⓑで示した段落には、「僧」がけちであるとわかる行動が書かれている。その行動を、簡単に書きなさい。

〔静岡〕

3 次の古文を読んで、あとの問いに答えなさい。

海賊押し寄せたりけり。弓矢の行方知らねば《扱い方を知らなかったので》、防ぎ戦ふに力《頼りとする方法》なくて、今はうたがひなく殺されなむず《殺されるだろう》と思ひて、*篳《ひち》篥《りき》を取り出でて、*屋形の上にゐて《座って》、「あの党や《そこの連中よ》。今は沙汰に及ばず《あれこれ言っても仕方がない》。とく《早く》なにものをも取り給《たま》へ。ただし、年ごろ《長年の間、》、思ひしめたる《心に深く思ってきた》篳篥の、*小調子といふ曲、吹きて聞かせ申さむ《お聞かせしよう》。さることこそありしか《こんなことがあったぞ》と、のちの物語《話の種》にもし給へ。」といひければ、宗徒《むねと》《海賊の親分》の大きなる声にて、「主たち《お前たち》、しばし待ち給へ。かく《あのように》いふことなり。もの聞け《聞いてやろう》。」といひければ、船を押さへて《停泊させて》、おのおのしづまりたるに、用光、今はかぎり《最期（さいご）》とおぼえければ、涙を流して、めでたき《すばらしい》音を吹き出でて、吹きすましたりけり《心を澄まして吹いた》。

（「十訓抄《じっきんしょう》」）

*篳篥＝楽器の名。竹でできた縦笛の一種。　*屋形＝船上に設けた屋根付きの部屋。　*小調子＝曲名。特定の者だけに伝授される曲であった。

記述式 **問** ——線部「今はうたがひなく殺されなむず」とあるが、海賊が押し寄せたとき、用光はどのようなことからこのように思ったのですか。現代の言葉を用いて、十五字以内で書きなさい。

〔広島〕

4 次の古文を読んで、あとの問いに答えなさい。

ある商人、口癖に「*商人と屏風《びやうぶ》はゆがまねば立たず。」と言ふ。あるとき、家の古屏風の精、商人の夢に見えていはく、「年ごろ我をゆがめるものとのみ思ひたまふこそ、*口惜しくはべれ。伸ぶと縮むとこそ我が徳用なれ。しかれども、*しひて開き伸ぶるときは、片時も立ちがたし。また、たたみ縮むこと過ぐるときは、なほ立ちがたし。伸ぶと縮むの中間を得るときは、久しく立ちて危ふからず。その上、立ち所の地、平らかに、正しくして立てざれば、すなはちくつがへる。主、この*ことわりを知らずして、我をゆがめるものとのみ思ひたまふは、口惜しくはべり。」と嘆きけるとかや。

（西川如見《にしかわじょけん》「町人嚢《ちょうにんぶくろ》」）

*商人と屏風はゆがまねば立たず＝屏風が折り曲げないと倒れてしまうように、商人も自分の考えを曲げたり感情を抑えたりして客の思いを尊重しなければ成功しないということ。
*口惜しくはべれ＝残念でございます。
*しひて＝無理に。　*ことわり＝道理。

問 ——線部「我をゆがめるものとのみ思ひたまふ」とあるが、ここでは、誰が、「我」のことをゆがんだものと思っているのですか。最も適当なものを、次の中から選び、記号で答えなさい。

ア 作者　　イ ある人（作者に話をしている人）
ウ ある商人　　エ 古屏風の精

〔愛媛〕

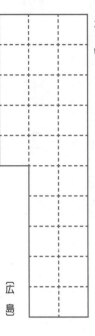

【　月　日】

10 物語 ②

例題 次の古文を読んで、あとの問いに答えなさい。

むかし、男、武蔵《むさし》の国までまどひ歩《あり》きけり。さてその国にある女を*よばひけり。父はこと人にあはせむといひけるを、母なむ*あてなる人に心つけたりける。父は*なほ人にて、母なむ藤原なりける。さてなむあてなる人にと思ひける。この*むこがねによみておこせたりける。すむ所なむ入間《いるま》の郡《こほり》、みよしのの里なりける。

（「伊《い》勢《せ》物語《ものがたり》」）

*よばひけり＝求婚した。
*あてなる人＝身分の高い人。ここでは求婚した男を指す。
*なほ人＝普通の家柄の人。
*むこがね＝婿候補。

問 ——線部「あてなる人に心つけたりける」とあるが、母が娘を身分の高い人と結婚させたがったのはなぜか。次の□に入る言葉を文中から抜き出して書きなさい。

母親自身が身分の高い□氏の出身だったから。

□

→別冊解答 10ページ

ポイント解説

★話の展開をとらえる

物語では、話がどう進んでいくのかをとらえる。特に登場人物の会話や心情をとらえることが重要である。

上の例題では、父の考えは「こと人にあはせむ」、母の考えは「あてなる人に心つけたりける」から読み取れる。二人の考えが異なっている理由は「父はなほ人にて、母なむ藤原なりける」と説明されている。

現代語訳

昔、男が、武蔵の国までさまよいながら歩いた。そしてその国にいる女に求婚した。父は別の人と結婚させようと言ったが、母は身分の高い人に心を引かれた。父は普通の家柄の人で、母は藤原氏の出であった。それで身分の高い人にと思ったのだ。この婿候補に（歌を）詠んで送った。住む所は入間の郡、みよしの里であった。

読み方注意！

★指示語の内容をとらえる

指示語が指している内容をとらえて、文脈をつかむ。

上の例題の場合、「さてなむ（それで）」が「母なむ藤原なりける」を指していることがわかれば、読み取りが確実になる。

Step 1 基本問題

別冊解答 10ページ

1 次の古文を読んで、あとの問いに答えなさい。

　さて年ごろふるほどに、女、親なく、頼りなくなるままに、もろともに*いふかひなくてあらむやはとて、河内《かふち》の国、高《たか》安《やす》の郡《こほり》に、*いき通ふ所いできにけり。さりけれど、このもとの女、あしと思へるけしきもなくて、いだしやりければ、男、こと心《ごころ》ありてかかるにやあらむと思ひうたがひて、前《せん》栽《ざい》のなかにかくれゐて、河内へいぬるかほにて見れば、この女、いとよう化粧《けさう》じて、うちながめて、

　風吹けば沖つしら浪《なみ》*たつた山夜半《よは》にや君がひとりこゆらむ

とよみけるを聞きて、かぎりなくかなしと思ひて、河内へもいかずなりにけり。

（「伊勢物語」）

*いふかひなくて＝みすぼらしい状態で。
*いき通ふ所＝行き来するところ。新しい妻のいるところ。
*たつた山＝白波が「立つ」と、龍田山の「たつ」をかけている。

問 ――線部「前栽のなかにかくれゐて、河内へいぬるかほにて見れば」とあるが、男はどんな気持ちがあってこんなことをしたのか。文中から男の気持ちを抜き出して書きなさい。

2 次の古文を読んで、あとの問いに答えなさい。

　今は昔、甲斐国《かひのくに》に館《たち》の侍《さぶらひ》なりける者の、夕暮に館を出でて家ざまに行きける道に、狐《きつね》のあひたりけるを追ひかけて*引目《ひきべ》して射ければ、狐の腰に射当ててけり。狐射まろばかされて、鳴きわびて、腰をひきつつ草に入りにけり。この男引目を取りて行く程に、この狐腰をひきて先に立ちて行くに、また射んとすれば失《う》せにけり。

　家いま四五町にと見えて行く程に、この狐二町ばかり先だちて、火をくはへて走りければ、「火をくはへて走るはいかなる事ぞ」とて、馬をも走らせけれども、家のもとに走り寄りて、人になりて火を家につけてけり。「人のつくるにこそありけれ」とて、矢をはげて走らせけれども、つけ果ててければ、狐になりて草の中に走り入りて失せにけり。さて家焼けにけり。

（「宇治拾遺物語《うじしゅういものがたり》」）

*引目して＝引き目（木製の穴の空いた矢）で。

よくでる 問 ――線部「家のもとに走り寄りて」とあるが、狐は何のために家に行ったのか。次の中から選び、記号で答えなさい。

ア 家が火事であることを侍に知らせるため。
イ 自分を射た侍の家に火をつけるため。
ウ 家に火をつけようとする人をとめるため。
エ 火事になった家の中にいる人を助けるため。

Step 2 標準問題

【　月　日】

別冊解答 11ページ

1 次の古文を読んで、あとの問いに答えなさい。

蔡順《さいじゆん》は、＊汝南《ちよなん》といふ所の人なり。＊王莽《わうばう》といへる人の時分の末に、天下おほきに乱れ、また飢渇《けかつ》して、食事に乏しければ、母のために、桑の実を拾ひけるが、熟したると熟せざるとを分けたり。この時、世の乱れにより、人を殺し、剥《は》ぎ取りなどする者ども来《きた》つて、蔡順に問ふやうは、「何とて二色《ふたいろ》に拾ひ分けけるぞ。」と言ひければ、蔡順、「一人の母を持てるが、この熟したるは、母に与へ、いまだ熟せざるは、わがためなり。」と語りければ、心強き不道の者なれども、かれが孝を感じて、米＊二斗《と》と牛の足一つ与へて去りけり。その米と牛の腿《もも》とを母に与へ、またみづからもつねに食すれども、一期《いちご》の間、尽きずしてありたるとなり。これ、孝行のしるしなり。

（「御伽草子《おとぎぞうし》」）

＊汝南＝中国の地名。　＊王莽＝古代中国の政治家。
＊二斗＝約三十六リットル。

記述式 **問** ――線部「孝行」とあるが、ここではどのようなことをいうか。次の□に入る内容を、十字以内で書きなさい。

蔡順が、桑の実を二種類に分けて、□を与えようとした、ということ。

□□□□□□□□□□

（埼玉）

2 次の古文を読んで、あとの問いに答えなさい。

さる所に、茗荷《めうが》のさしみ＊ありけるを、＊児《ちご》これをつまみくひけるを、そばなる人申すやうは、「これをば昔より今にいたり、物読み覚えんことをたしなむ人はみな、鈍根草《どんごんそう》と名付け、ものわすれするとて、かたく食はぬ物じゃ」と教へければ、児聞きて「それならば、おれはなほ食ふべし。ひだるさを食ふて忘れん」と言ふ。

（露《つゆ》の五郎兵衛《ごろうべえ》「軽口露《かるくちつゆ》がはなし」）

＊さしみ＝生の食材を薄く切り、しょうゆなどをつけて食べる料理。
＊児＝行儀作法などを身につけるために寺院に預けられている少年。

問 ――線部「物読み覚えんことをたしなむ人」とは、ここではどのような意味か。最も適当なものを、次の中から選び、記号で答えなさい。

ア 物事の先を見通して行動ができる人。
イ 物語を読んで想像することが好きな人。
ウ 書物を読んで習得することに励む人。
エ 楽器の音を聞いて趣味として楽しむ人。

□

（島根）

3 次の古文を読んで、あとの問いに答えなさい。

今はむかし、ある人牛を売りけるに、買主《かいぬし》いふやう、「この牛は、力も強く病《やまひ》気《け》もなきか」といへば、売主《うりぬし》答へていはく、「なかなか力の強く、しかも息災《そくさい》な《丈夫な(牛だ)》。＊大坂陣《ぢん》では《大阪の陣でいえば》＊佐《さ》奈田《なだ》ぢやと思へ《真田幸村のようなものだと思ってくれ》」といふ。「さらば」とて《「それならば」と言って》買い取る。五月《さつき》になりて、この牛に＊犂《からすき》をかけて田をすかするに《田畑を耕させようとしたところ》、一向《いつかう》弱うて《全く力が弱くて》田をもすかず、犂は一足《ひとあし》《一歩も》もひかず。ややもすれば《どうかすると》人を見てはかけ出《い》でて《走り出して》、角《つの》にて、かけんかけんとするほどに《角で、突こう突こうとするので》、「何の役にも立たぬ牛なり。さてさて憎い事を《憎いでたらめ》いふて買はせた。大坂陣では佐奈田ぢやと申したほどに、さこそ《さぞかし》強からうと思ふたれば、犂は一足もひかず、そのくせに人を見てはかけんとする」と腹立ちて居《を》る。ある時かの《あの》売主に逢《あ》ふて、「其方《そなた》はとどかぬ《いい加減な》嘘《うそ》をついて、人をばかけて、犂をばひかぬ牛を、佐奈田ぢやといふて売りつけられた《売りつけなさったな》」といへば、売主答へていはく、「さうであろう《そうだろう》。犂は一足もひくまい。人を見てはかけんとする事は定《ぢやう》であらう《そのとおりだろう》。さればこそ《だからこそ》佐奈田とは申しつれ。大坂陣で佐奈田は、たびたびかけこそしたれ《突き進みはしても》、一足もひいたことはなかつた。その牛もひかぬによりて佐奈田ぢや」といふた。

（浅井了意《あさいりょうい》「浮世物語《うきよものがたり》」）

＊大坂陣＝一六一四年、一六一五年に起こった徳川方と豊臣方の戦い。
＊佐奈田＝真田幸村《さなだゆきむら》。豊臣方の武将。
＊犂＝牛馬に引かせて田畑を掘り返して耕すための農具。鋤《すき》。

問 ――線部「腹立ちて居る」とあるが、買主が怒ったのはなぜか。その理由として最も適当なものを、次の中から選び、記号で答えなさい。

ア 売主が高く評価していた牛が自分の命令を聞いてくれず、牛を飼いならせない自分の未熟さに気づかされたから。

イ 買ってきた牛が全く仕事をしないだけでなく、人に危害も加えようとしたことで、売主にだまされたと思ったから。

ウ 売主から強引に買い取った牛なのに、仕事をさせようとしても飼い主である自分の言うことを聞こうとしないから。

エ もともと売主の言葉を全く信用していなかったとはいえ、あまりにもひどい牛を売りつけられてしまったから。

□ 〔佐賀〕

11 物語③

【　月　日】

例題 次の古文を読んで、あとの問いに答えなさい。

今は昔、小野篁《をののたかむら》といふ人おはしけり。嵯峨帝《さがのみかど》の御時に、内裏《だいり》に札《ふだ》を立てたりけるに、「無悪善」と書きたりけり。帝、篁に、「読め」と仰《おほ》せられたりければ、「読みは読み候《さぶら》ひなん。されど恐れにて候へば、え①申し候はじ」と奏《そう》しければ、「ただ申せ」とたびたび仰せられければ、「さがなくてよからんと申して候ふぞ。されば君を呪《のろ》ひ参らせて候ふなり」と申しければ、「おのれ放ちては誰《たれ》か書かん」と仰せられければ、「さればこそ、申し候はじとは申して候ひつれ」と②申すに、御門《みかど》、「さて何《なに》も書きたらん物は読みてんや」と仰せられければ、「何《なに》にても読み候ひなん」と申しければ、

……

（『宇治拾遺物語《うじしゅういものがたり》』）

問 ――線部①「申し」、――線部②「申す」の主語を次の中からそれぞれ選び、記号で答えなさい。

ア 小野篁　イ 嵯峨帝　ウ 札を立てた人物

① □　② □

→別冊解答 12ページ

ポイント解説

★丁寧に読み取る

人間関係やできごとが入り組んでいる場合は、丁寧に読んでいく必要がある。

現代語訳

今は昔、小野篁という人がいらっしゃった。嵯峨天皇の治世に、内裏に札を立てた人物がいたが、「無悪善」と書いてあった。天皇は、篁に、「読め」とおっしゃったので、「読むことは読みましょう。しかしおそれ多いことですので、申し上げることはできません」と申し上げたところ、「とにかく申せ」とたびたびおっしゃったので、「さがなくてよいと申しておりますぞ。つまりは君を呪い申しているのでございます」と申したところ、「お前以外に誰が書くだろう」とおっしゃったので、「だから、申し上げますまいと申したのです」と申すと、天皇は、「では何でも書いたものは読めると言うのか」とおっしゃったので、「何でも読みます」と申したところ、……

読み方注意！

★敬語に注意する

上の例題では、尊敬語と謙譲語でどちらの会話か区別できる。

Step 1 基本問題

別冊解答 12ページ

1 次の古文を読んで、あとの問いに答えなさい。

その時に、かぐや姫、「しばし待て」といふ。かぐや姫「*衣《きぬ》着せつる人は、*心異《こと》になるなりといふ。物一言《ひとこと》いひ置くべきことありけり」といひて、*文《ふみ》書く。天人《てんにん》、「遅《おそ》し」と、*心もとながりたまふ。

かぐや姫、「物知らぬこと、なのたまひそ」とて、いみじく静かに、朝廷《おほやけ》に御文奉《たてまつ》りたまふ。あわてぬさまなり。

（「竹取物語《たけとりものがたり》」）

＊衣＝天の羽衣。　＊心異になるなり＝心が普通でなくなってしまう。
＊文＝手紙。　＊心もとながりたまふ＝じれったくお思いになる。

問　――線部「物一言いひ置くべきことありけり」とあるが、誰に言っておくべきことがあったのか。文中から抜き出して書きなさい。

2 次の古文を読んで、あとの問いに答えなさい。

昔、延喜《えんぎ》の御門《みかど》の御時、五条の天神のあたりに、大《おほ》きなる柿の木の実ならぬあり。その木の上に仏現れておはします。京中の人こぞりて参りけり。馬、車も立てあへず、人もせきあへず、拝みののしりけり。

かくする程に、五六日あるに、右大臣殿心得ず思《おぼ》し給ひける間《あひだ》、「まことの仏の、世の末に出で給ふべきにあらず。我行きて試みん」と思して、*日《ひ》の装束《さうぞく》うるはしくして檳榔《びりやう》の車に乗りて、御前《おんさき》多く具《ぐ》して、集りつどひたる者ども退けさせて、車かけはづして*榻《しぢ》を立てて、*梢《こずゑ》を目もたたかず、*あからめもせずしてまもりて、一時ばかりおはするに、この仏、しばしこそ花も降らせ、光をも放ち給ひけれ、あまりにあまりにまもられて、しわびて、大きなる糞鳶《くそとび》の羽折れたる、土に落ちて惑ひふためくを、童部《わらはべ》ども寄りて打ち殺してけり。大臣は「さればこそ」とて帰り給ひぬ。

（「宇治拾遺物語」）

＊日の装束うるはしくして＝正式な服装をきちんと着て。
＊榻＝牛車から牛を外したときに使う台。
＊梢＝木の枝の先。
＊あからめ＝よそ見。

よくでる 問　――線部「仏現れておはします」とあるが、仏と見えたのは結局何だったか。文中から十二字で抜き出して書きなさい。

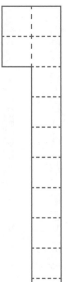

Step 2 標準問題

別冊解答 12ページ　【　月　日】

1 次の古文を読んで、あとの問いに答えなさい。

ある時、角を振り尾を立てて、牛どもの戦ふをかく。*ひとしほうるはしくいできたりと思ひて、人々に見せあへり。その後、*牛つかふ小童の、野飼ひに出でたるにこの絵を見せ、汝《なんじ》が朝夕つかふ牛に、よく似たるかといひて問ひし時、牛飼ふ小童、これを見て笑ふ。「いかに。」となれば、「牛の戦ふ時は、尾を立てずして腹に尾を付くるものなり。この絵は尾を立てたれば、あやまりなり。」といひし。戴嵩《たいすう》*驚き、*げにもと感じ、その絵を破りたり。

（中川喜雲《なかがわきうん》「私可多咄《しかたばなし》」）

*ひとしほ＝一段と。
*牛つかふ小童＝牛飼いをしている子ども。「牛飼ふ小童」も同じ。
*驚き＝はっと気がついて。
*げにも＝もっともだ。

問 ——線部「いひて問ひし時」とあるが、このときの戴嵩の言葉をすべて抜き出し、その最初と最後の四字をそれぞれ書きなさい。

□□□□ ～ □□□□

〔北海道〕

2 次の古文を読んで、あとの問いに答えなさい。

むかし、山越《やまごえ》の里に老人有りけるが、年ごとに老いて、その上重きやまひにふし、頼み少なくなりけるに、ただ、この谷の桜に先立ちて、花をも見ずして死なん事《死ぬ事》のみをなげきて、今一たび花を見て死しなば、浮世《この世》に思ひ残す事もあらじ《ないだろう》などせちに《ひたすら》聞こえければ、その子かなしみなげきて、この桜の木の本に行きて、何とぞ我が父の死したまはざる前に花を咲かせたまはれと誠の心をつくして天地にいのり願ひけるに、その孝心、*鬼神も感じたまひけん、一夜の間に花咲き乱れ、あたかも三月の頃のごとくなりける。

（橘南谿《たちばななんけい》「西遊記《さいゆうき》」）

*鬼神＝天地の神々。

問 ——線部「いのり願ひける」とあるが、何と祈ったのか。その最初と最後の三字をそれぞれ文中から抜き出して書きなさい。

□□□ ～ □□□

〔鹿児島〕

3 次の古文を読んで、あとの問いに答えなさい。

あるとき、冬なりけるなめり《冬だったのだろう》、けしかる《怪しげな》女出《い》で来たりはべりて、「あまりに寒くはべり。いかばかりのものなりとも得たまはせよ。」と聞こえはべれば《申し上げましたので》、さこそ寒かるらめと、あはれに覚《おぼ》して《お思いになって》、着たまへりける小袖をなむ給はりてける。

さて、あくる日、又ありし女《またこの前の女が》来たりて言ふやう、「昨日の小袖は、はからざるに《思いがけなく》、失うてはべり。又給はらん。」と言ふ。やがて又給ひてけり。さてあるべきか《そのようなことがあるだろうか》と覚すところに、又つぎの日、筵《むしろ》ばかり身にまとひて、「着物ひとつ給《た》べ。」と言ふやう、＊この上人《しやうにん》心得ず覚して、のたまふやうは、「二度は慈悲をもつて汝《なんぢ》に与へぬ。さのみは身の力なし。かなふまじ。」とのたまふとき、この女、気あしくなりて、「汝は極まりて心小《ちひ》さかりけり。心小さき人の施《せ》をば、我受けず。」と言ひて、ふたつの小袖を投げ返して、かき消すがごとく失《う》せはべり。上人、＊化人《けにん》の来たりて、我が心をはかりたまへりけるにこそとて、心のほどを自ら恥ぢしめて、悔い悲しみたまへりけるぞ、あはれにかたじけなく覚えてはべる。

（撰集抄《せんじゅうしょう》）

＊この上人＝「瞻西上人《せんさい》」のこと。「上人」も同じ人物。
＊化人＝仏・菩薩《ぼさつ》が仮に人間の姿となって現れたもの。

問 文中の内容と一致するものを次の中から選び、記号で答えなさい。

ア 「女」は、立派な僧と名高い「瞻西上人」の本性を知るために非難したが、澄んだ月のような「上人」の人柄に感動して仏の教えを信じるようになった。

イ 「女」は、困ったときには仏にすがるようにという親の教えを守って「瞻西上人」を頼ったが、最初のうちは親切だった「上人」が冷たくなったことに失望した。

ウ 「瞻西上人」は、着物を何度も求められた一連のできごとが、自分の心を試そうとした「化人」によるものであると悟り、自らの行いを後悔して悲しんだ。

エ 「瞻西上人」は、世間との関わりを断って修行に専念していたが、「化人」の行為をきっかけにして自分の心を乱されてしまい、世間の人々を疑うようになった。

□

〔神奈川〕

Step 3 実力問題

別冊解答 13ページ

時間 50分　合格点 35点　得点 　点

【　月　日】

1 次の古文を読んで、あとの問いに答えなさい。(20点)

もろこしには、＊秦始皇《しんしくわう》、＊泰山《たいざん》に行幸《みゆき》し給《たま》ふに、俄雨《にはかあめ》降り、五松の下に立ち寄りて、雨を過ごし給へり。①このゆゑに、かの松に位《くらゐ》を授けて、五大夫《ごたいふ》といへり。＊五品《ごほん》を松爵《しようしやく》といふ、これなり。

しかのみならず、夏天に道行く人、木陰に涼みて、衣をかけ、あるいは馬に水飼ふもの、銭を井に沈めて②通りけり。(『十訓抄《じっきんしょう》』)

（もろこしには＝中国では　行幸し給ふに＝おでかけなさったときに　いへり＝呼ぶことにした　しかのみならず＝こればかりではなく　馬に水飼ふもの＝馬に水を与える人は　井＝井戸）

＊秦始皇＝秦の始皇帝のこと。　＊泰山＝現在の山東省にある山の名前。
＊五品＝秦の時代の位階で、五番目の位のこと。

記述式 問一 ――線部①「このゆゑに」は「このことにより」という意味であるが、「このこと」が指す内容は何か。三十五字以内の現代語で答えなさい。(10点)

よくでる 問二 ――線部②「通りけり」は誰の動作か。文中から抜き出して書きなさい。(10点)

2 次の古文を読んで、あとの問いに答えなさい。(20点)

烏《からす》、＊鵜《う》にいへるは、いかに鵜殿、＊御身は＊果報なるものかな。水の上に身を浮かめて息《いこ》ひながら、何の苦労もなく、腹の下なる魚を安々と取りて食し給ふものかな。我等は終日飛びあるきても食にあふ事少なく、たまたま乾《ほ》したる魚又は＊菓子《このみ》などを見付けても、皆主有りて守りきびしければ、＊むねをひやして、＊さふなく取り得る事かたし。此故《この》に食つねに不足して苦し。疲れて羽を息《やす》めんとして木に止《とど》まれば、又脚の労あり。御身を学びて水に入りて魚をとらんとすれば、忽《たち》ちに水喰《くら》ふ。あな羨《うらや》しの鵜殿や。飽《あ》き満《み》ち給ふ食を少し此方《こなた》へも施し給へかし。＊吝惜《しはき》御心かな、といふ。鵜答へていふ、烏殿烏殿、＊さな思ひ給ひそ。それより見給ふには、水に浮かびて何の苦もなくて食を得侍《はべ》ると思ひ給ふべけれど、水の中にて足を働かす事少しも隙《ひま》なし。其《そ》の苦労大方《おほかた》の事にあらず。其の上魚も生ある物なれば、中々心易く取り得る事かたし。

（西川如見《にしかわじょけん》「町人嚢《ちょうにんぶくろ》」）

＊鵜＝水鳥の一種。　＊御身＝あなた。
＊果報なるもの＝幸せ者。　＊菓子＝木の実。
＊むねをひやして＝ひやひやして。
＊さふなく＝簡単に。　＊吝惜御心＝けちな考え。
＊さな思ひ給ひそ＝そのように思ってはいけない。

問一　――線部「あな羨しの鵜殿や」とあるが、烏がうらやましいと思っている鵜の様子が、具体的に書かれている一文の、最初の五字を抜き出して書きなさい。（10点）

重要
問二　この文章には続きがあり、最後は、「人の世の有様なぞらへて知るべし」と締めくくられている。この文章の内容から、人が教訓として受けとめるべきことはどのようなことだと言えるか、最も適当なものを次の中から選び、記号で答えなさい。（10点）

ア　自分の苦労を嘆くだけではなく、他人も陰で苦労していることに気づくこと。
イ　自分は一人で生きていると思わず、支えてくれている人たちに感謝すること。
ウ　自分の考えだけで行動せず、他人からの忠告に耳を傾けることが大切なこと。
エ　自分では何も行動せず、他人の助けをあてにしているだけではいけないこと。

〔北海道〕

3　次の古文を読んで、あとの問いに答えなさい。（10点）

一　当寺代々相《あひ》つたはる貧乏神、御夢想（夢のお告げ）によつて、来《きた》る七月十四日より開帳せしむるもの也。もし参詣《さんけい》なき方《かた》へは、貧乏神御入りあるべきとの御託宣《たくせん》（神仏のお告げ）なり。さうさう参詣あるべく候《さふらふ》。　以上

未五月四日

と書きて、さあつかみどりじやと（さあ客が集まるぞ）、地下中《ぢげぢう》うちよりにぎはふところに（当日になり村中の人が大勢集まっている）、不思議や、かの神あらはれたまひ、さやうにわれを人目にさらし、銭かね取りこみ繁盛せば、此《この》寺には住みがたし。名残惜しやと、夕ぐれにかき消すごとく失せたまふ。さても智恵かな、智恵かな。

（米沢彦八《よねざわひこはち》「軽口御前男《かるくちごぜんおとこ》」）

よくでる
問　――線部「かの神」が話している部分は、どこからどこまでか。その部分を文中から探し、最初と最後の三字を抜き出して書きなさい。

〔山形〕

12 随筆①

【　月　日】

例題 次の古文を読んで、あとの問いに答えなさい。

雪のおもしろう降りたりし朝《あした》、人の*がり言ふべき事ありて、文《ふみ》をやるとて、雪のことなにとも言はざりし返事《かへりごと》に、「この雪いかが見ると一筆《ひとふで》のたまはせぬほどの、*ひがひがしからん人の仰せらるる事、聞き入るべきかは。返々《かへすがへす》口をしき御心《みこころ》なり」と言ひたりしこそ、をかしかりしか。

今はなき人なれば、*かばかりの事もわすれがたし。

（兼好法師《けんこうほうし》「徒然草《つれづれぐさ》」）

*がり＝もとへ。
*ひがひがしからん人＝ひねくれ者。
*かばかりの事＝この程度のこと。

問 ——線部「返事」に対して、筆者はどのように感じたか。文中から七字で抜き出して書きなさい。

→別冊解答 14ページ

ポイント解説

★筆者の感じたことをとらえる

感情や評価を表す言葉に注目する。

上の例題では、「おもしろう」、「をかしかりしか」、「わすれがたし」といった言葉に筆者の思いが表れている。

現代語訳

雪が趣深く降っていた朝、（ある）人のもとへ言うべきことがあって、手紙をやるというのに、雪のことを何とも言わなかった（その手紙の）返事に、「この雪をどう見るかと一筆もお書きにならないほどのひねくれ者のおっしゃることは聞き入れられるだろうか、いや聞き入れられない。つくづく残念なお心である」と言ったのは、おもしろかった。

今はもう死んでしまった人なので、この程度のことも忘れがたい。

読み方注意！

★誰の、何に対する思いであるかに注意する

感情や評価を表す言葉も、筆者自身の思いを表しているとは限らない。また、何に対してそう思ったのかということも重要である。

上の例題では、「ひがひがしからん」や「口をしき」は返事をした人の感じたことである。また「わすれがたし」は出来事全体に対して筆者が感じたことである。

Step 1 基本問題

別冊解答 15ページ

1 次の古文を読んで、あとの問いに答えなさい。

或人《あるひと》、*任大臣《にんだいじん》の節会《せちゑ》の内弁《ないべん》を勤《つと》められけるに、内記《ないき》の持ちたる*宣命《せんみやう》を取らずして、*堂上《たうしやう》せられにけり。きはまりなき失礼《しちらい》なれども、立ち帰り取るべきにもあらず、思ひわづらはれけるに、六位外《ろくゐのげ》記《き》康綱《やすつな》、*衣《きぬ》かづきの女房を*語らひて、かの宣命を持たせて、忍びやかに奉らせけり。いみじかりけり。

（「徒然草」）

*任大臣の節会＝大臣新任式後の宴会。
*宣命＝天皇の勅令を伝える文書。
*堂上せられにけり＝昇殿なさってしまった。
*衣かづきの女房＝外出時の服装である衣かづきを着た女房。
*語らひて＝頼み込んで。

よくでる 問 ――線部「いみじかりけり」とあるが、筆者はどんなことを素晴らしいと思ったのか。最も適当なものを、次の中から選び、記号で答えなさい。

ア 或人がどうにか内弁をやりおおせたこと。
イ 康綱がうまい具合に或人に助力したこと。
ウ 或人が宣命なしでもうまく立ち回ったこと。
エ 康綱が女房に免じて或人を責めなかったこと。

□

2 次の古文を読んで、あとの問いに答えなさい。

北の屋《や》かげに消え残りたる雪の、いたう凍《こほ》りたるに、さし寄せたる車の*轅《ながえ》も、霜いたくきらめきて、有明《ありあけ》の月さやかなれども、隈《くま》なくはあらぬに、人離《ひとばな》れなる御堂《みだう》の廊《らう》に、なみなみにはあらずと見ゆる男《をとこ》、女《をんな》となげしに尻《しり》かけて、物語するさまこそ、何事《なにごと》にかあらん、*尽《つ》きすまじけれ。*かぶし・かたちなど、いとよしと見えて、えもいはぬ匂ひの、*さとかをりたるこそ、をかしけれ。*けはひなど、*はつれはつれ聞えたるもゆかし。

（「徒然草」）

*轅＝牛車などの前に突き出した長い棒。
*尽きすまじけれ＝尽きそうもなかった。
*かぶし・かたち＝頭《かしら》つきや顔立ち。
*さと＝さっと。　*けはひ＝声。
*はつれはつれ＝ところどころ。

問 次の①・②のことについて、筆者はどのように感じたのか。文中から抜き出して書きなさい。

① 素晴らしい匂いがさっと香ったこと

□

② 声がところどころ聞こえたこと

□

Step 2 標準問題　別冊解答 15ページ　【　月　日】

1 次の古文を読んで、あとの問いに答えなさい。

九月ばかり、夜一夜降り明かしつる雨の、今朝はやみて、朝日いとけざやかに（あざやかに）さし出《い》でたるに、*前栽《せんざい》の露は、こぼるばかり濡《ぬ》れかかりたるも、いとをかし。*透垣《すいがい》の羅文《らもん》、軒《のき》の上などは、かいたる（張っている）蜘蛛《くも》の巣の、こぼれ残りたるに、雨のかかりたるが、白き玉を貫きたるやうなるこそ、いみじうあはれにをかしけれ。

すこし日たけぬれば（日が高くなると）、萩《はぎ》などのいと重げなるに、露の落つるに、枝うち動きて、人も手触れぬに、ふと上《かみ》ざまへあがりたるも、いみじうをかし、と言ひたる事どもの、人の心にはつゆをかしからじ（少しもおもしろくないだろう）、と思ふこそ、またをかしけれ。

（清少納言《せいしょうなごん》「枕草子《まくらのそうし》」）

*前栽＝庭に植えた草木。
*透垣の羅文＝板または竹で間を透かして作った垣根の、上部の飾り。

記述式 問　――線部「蜘蛛の巣」とあるが、作者は、壊れた蜘蛛の巣に雨粒がついた状態を、どのようであるとたとえているか、現代語で書きなさい。

〔群馬〕

2 次の古文を読んで、あとの問いに答えなさい。

さてその山作りたる日、御使《つかひ》に*式部丞忠隆《しきぶのじょうただたか》まゐりたれば、褥《しとね》（敷物を）さし出だして物など言ふに、「今日《けふ》雪の山作らせたまはぬ所なむなき。御前《おまへ》の壺《つぼ》（宮中の中庭）にも作らせたまへり。春宮《とうぐう》にも、弘徽殿《こきでん》にも作られたり。京極殿《きやうごくどの》にも作らせたまへりけり」

など言へば（忠隆が言うので）、

ここにのみめづらしと見る雪の山
ところどころにふりにけるかな

とかたはらなる人して言はすれば（作者がそばにいる人を介して言わせると）、たびたびかたぶきて（首をかしげて）、*「返しは、つかうまつりけがさじ（返歌をして和歌を汚すつもりはない）。あざれたり（風流な和歌である）。*御簾《みす》の前にて人に語りはべらむ（人々に和歌を紹介しましょう）」とて立ちにき（立ち去った）。歌いみじう（たいそう）このむと聞くものを、あやし。御前に聞《きこ》しめして、「いみじうよくとぞ思ひつらむ」とぞのたまはする。

（あやし＝不思議である　御前に聞しめして＝中宮定子のお耳に入れると　「いみじうよくとぞ思ひつらむ」＝「すばらしく詠もうときっと思ったのでしょう」）

（「枕草子」）

＊式部丞＝式部省の三等官。
＊返し＝返歌。人から贈られた歌に対する返答の歌。当時、宮中で和歌のやりとりをすることは一般的なことであった。
＊御簾＝貴人のいる部屋のすだれ。

問 ——線部「あやし」について、これは筆者がどのようなことに対して不思議に思っているのか。最も適当なものを、次の中から選び、記号で答えなさい。

ア 忠隆が中宮定子に、作者の返歌を人を介して伝えたこと。
イ 忠隆が帝に、自分の返歌を人を介して伝えたこと。
ウ 和歌を詠むことを好む忠隆が、返歌をしなかったこと。
エ 和歌を詠むことを好む忠隆が、下手な和歌を詠んだこと。

□ 〔新潟〕

3 次の古文を読んで、あとの問いに答えなさい。

十月《かみなづき》つごもりがた＊に、あからさまに＊来てみれば、こ暗《ぐら》う茂れりし木の葉ども残りなく散りみだれて、いみじくあはれげに見えわたりて、心地よげにささらぎ流れし水も、木の葉にうづもれて、あと＊ばかり見ゆ。

水さへぞすみたえにける木の葉散る嵐の山の心ぼそさに

訳 澄んだ水までもが澄むどころか住むことをやめてしまったのだなあ。木の葉が散る嵐の山の心細さに。

（菅原孝標女《すがわらのたかすえのむすめ》「更級日記《さらしなにっき》」）

＊つごもりがた＝月末頃。　＊あからさまに＝ちょっと。
＊あと＝流れの跡。

問 この文章に込められた筆者の思いの説明として最も適当なものを、次の中から選び、記号で答えなさい。

ア すっかり木の葉が落ち、水の流れも見えなくなった十月末の静かな東山は、かえって夏よりも趣があると感動している。
イ 木の葉は散り水はかれ、動物の姿も全く見えなくなってしまった東山を訪れ、生命力にあふれた夏をなつかしんでいる。
ウ 嵐によって様変わりした東山を見て、自然の猛威の前では人間は無力であると知り、この世の無常を悲しく思っている。
エ 木の葉が散った東山で、自分が去った後に水の流れまでもが見えなくなっていたことを発見し、寂しさを実感している。

□ 〔奈良〕

13 随筆②

【　月　日】

例題 次の古文を読んで、あとの問いに答えなさい。

*思はむ子を*法師《ほふし》になしたらむこそ、心苦しけれ。ただ木の端《はし》などのやうに思ひたるこそ、いといとほしけれ。精進《さうじ》物《もの》のいとあしきをうち食《く》ひ、寝《い》ぬるをも。若きは、*物もゆかしからむ。女などのある所をも、などか忌《い》みたるやうに、さしのぞかずもあらむ。それをもやすからず言ふ。まいて、験者《げんざ》などは、いと苦しげなめり。*困《こう》じてうちねぶれば、「ねぶりをのみして」など*もどかる、いと所せく、いかにおぼゆらむ。これ昔の事なめり。今はいとやすげなり。

（清少納言《せいしょうなごん》「枕草子《まくらのそうし》」）

*思はむ子＝かわいい子。愛する子。
*法師＝僧。
*物もゆかしからむ＝好奇心があろう。
*困じて＝疲れて。
*もどかる＝非難される。

問 この文章で、筆者が最も言いたいことが述べられているのはどの文か。最初の五字を抜き出して書きなさい。

→別冊解答 16ページ

ポイント解説

★筆者の主張をとらえる

エピソードなどを紹介する部分と、筆者の考えを述べている部分を区別する。

上の例題では、最初に筆者の考え（＝この文章のテーマ）を述べたあと、僧の生活を詳細に紹介している。

現代語訳

かわいい子を僧にしたとしたら、気の毒だ。（僧を）木の端などのように（取るに足らないものと）思っているのは、とてもかわいそうだ。精進料理の大変粗末なものを食べ、寝るのをも。若い人は、好奇心があろう。女性などがいるところをも、どうして避けているようにのぞかないでいられようか。それをも心安らかでないように言う。まして、修験者などは、とても苦しそうである。疲れてうとうとすると、「寝てばかりいて」などと非難されるのは、大変窮屈で、どう感じていらっしゃるのだろう。これは昔のことのようである。今はとても気楽そうだ。

読み方注意！

★文章の最初と最後に注目する

随筆では、文章の最初か最後、あるいはその両方に、筆者の主張や感想が書かれていることが多い。そこに注目すれば、筆者の一番言いたいことがわかる。

Step 1 基本問題

別冊解答 16ページ

1 次の古文を読んで、あとの問いに答えなさい。

とりどころなきもの　かたちにくさげに心あしき人。*みそひめのぬりたる。これいみじうよろづの人のにくむなるものとて、今*とどむべきにあらず。また、*あと火《び》の火箸《ひばし》といふ事、*などてか。世になき事ならねど、この草子《さうし》を人の見るべきものと思はざりしかば、あやしき事も、にくき事も、ただ思ふ事を書かむと思ひしなり。

（「枕草子」）

*みそひめ＝衣服ののり。　*とどむ＝書くのをやめる。
*あと火の火箸＝葬式のとき、出棺の後に門前でたく火（あと火）をつかむ箸。
*などてか＝どうして書くのをやめることができようか。

問　――線部「とりどころなきもの」とは、とりえのないものという意味だが、筆者がとりえのないものとして挙げているものを三つ、文中から抜き出して書きなさい。

2 次の古文を読んで、あとの問いに答えなさい。

世の中になほいと心憂《こころう》きものは、人ににくまれむ事こそあるべけれ。誰《たれ》てふ物狂《ものぐる》ひか、我《われ》人に*さ思はれむとは思はむ。されど自然《しぜん》に宮仕《みやづか》へ所《どころ》にも、親、はらからの中《なか》にても、思はるる思はれぬがあるぞいとわびしきや。

*よき人の御ことはさらなり、下衆《げす》などのほどにも、親などの*かなしうする子は、目たて耳たてられて、いたはしうこそおぼゆれ。*見るかひあるはことわり、いかが思はざらむとおぼゆ。*ことなる事なきはまた、これをかなしと思ふらむは、親なればぞかしとあはれなり。

親にも、君にも、すべてうち語らふ人にも、人に思はれむばかりめでたき事はあらじ。

（「枕草子」）

*さ思はれむ＝そのように思われよう。
*よき＝身分が高い。
*かなしうする＝かわいがる。
*見る＝世話をする。　*ことなる＝特別な。

よく出る 問　――線部「親にも、君にも、すべてうち語らふ人にも、人に思はれむばかりめでたき事はあらじ」とあるが、これと同様のことを逆の面から表現している一文を文中から探し、その最初と最後の三字（句読点も一字に含む）を抜き出して書きなさい。

～

Step 2 標準問題

【　月　日】

別冊解答 17ページ

1 次の古文を読んで、あとの問いに答えなさい。

万《よろづ》の遊びにも、ア勝負を好む人は、勝ちて興《きょう》あらんためなり。おのれが芸の勝《まさ》りたる事をよろこぶ。されば負けて興なく覚ゆべき事、又知られたり。我《われ》負けて、人をよろこばしめんと思はば、更に遊びの興なかるべし。人に本意《ほい》なく思はせて、わが心を慰まん事、徳に背《そむ》けり。睦《むつま》しき中に戯《たはぶ》るるも、イ人をはかりあざむきて、おのれが智のまさりたる事を興とす。これ又、礼にあらず。

（中　略）

人に、勝《まさ》らん事を思はば、ただ学問して、その智を人にまさらんと思ふべし。道を学ぶとならば、ウ善に伐《ほこ》らず、輩《ともがら》に争ふべからずといふ事を知るべき故《ゆゑ》なり。

（兼好法師《けんこうほうし》「徒然草《つれづれぐさ》」）

問　筆者の主張として最も適当なものを、――線部ア～ウのうちから選び、記号で答えなさい。

□

〔沖縄〕

2 次の古文を読んで、あとの問いに答えなさい。

関取*谷風梶之助《たにかぜかぢのすけ》、小角力《こずまう》（若い力士）を供につれ*日本橋本船《ほんふな》町を通りける時、鰹《かつを》をかはんとしけるに価《あたひ》いと高かりければ、供のものにいひつけて、「まけよ」といはせて行き過ぎしを、魚売る男呼びとどめて、「関取のまけるといふはいむべきことなり」といひければ、谷風立ちかへり（引き返して）「かへかへ」といひてかはせたるもをかしかりき。これは谷風のまくる（まける）にあらず、魚売る男の方をまけさすることなれば、さのみ（それほど）いむべきことにはあらざるを、「かへかへ」といひしはちとせきこみしと見えたり（あせった）。

（大田南畝《おおたなんぽ》「仮名世説《かなせせつ》」）

＊谷風梶之助＝江戸時代後期の横綱。
＊日本橋本船町＝現在の東京都中央区日本橋の一部。当時魚市場があった。

問　――線部「ちとせきこみしと見えたり」について、筆者がこのような感想を述べた理由として最も適当なものを、次の中から選び、記号で答えなさい。

ア　よく考えると気にするほどのことでもないのに、言われたことをうのみにして谷風が相手の言い値で魚を買ったから。

イ　時間をかけて交渉すれば魚を安く買えたのに、谷風が短気を起こして魚をもとの値段より高く買ってしまったから。

ウ　谷風をだますつもりはなかったにせよ、魚売りの男の一言が誤解を招いて谷風を怒らせてしまったから。

エ　魚売りの男は魚を高く売ろうとしていたのに、小角力の巧みなことばにつられて値引きをしてしまったから。

□　〔兵庫〕

3　次の古文を読んで、あとの問いに答えなさい。

近き頃名人と称し、*公《おほやけ》よりも*紫調《しらべ》給はりし*新九郎事《しんくろうこと》、権《ごん》九郎といひし頃、日々*鼓《つづみ》を*出精《しゆつせい》しけれども未《いま》だ心に落ちざる折から、年久しく召仕ひし老女、朝々茶など持て来たり権九郎へ給仕しけるが、或時《あるとき》申しけるは、「主人の鼓も甚《はなは》だ上達」のよし申しければ、権九郎もおかしき事に思ひて、「女の事常に鼓は聞けど手馴《てな》れし事にもあらず。我が職分の上達を知るわけ」尋ね笑ひければ、老女答へて、「我*乱舞の事知るべきやうなし。しかしながら親新九郎の鼓を数年聞きけるに、朝々煎《に》ける*茶釜へ音殊《こと》に響き聞こえ侍《はべ》る。是《これ》まで権九郎の鼓はその事これなきところ、この四、五日は鼓の音毎《ごと》に茶釜へ響きける故、さてこそ上達を知り侍る」と答へけるとなり。年久しく耳馴るれば自然と微妙に、よし悪《あ》しも分かるものと、権九郎も感じけるとなり。

（根岸鎮衛《ねぎししずもり》「耳嚢《みみぶくろ》」）

＊公＝将軍。
＊紫調＝将軍が鼓の名人に与える、鼓に付けるひも。
＊新九郎＝親から子、師から弟子に引き継がれる名前。
＊鼓＝能楽で使われる打楽器。
＊出精＝精を出して努める。
＊乱舞＝能楽。
＊茶釜＝茶を煮出すのに用いる釜。

問　文中の内容と一致するものを次の中から選び、記号で答えなさい。

ア　芸の上達に悩む人は、その道の名人の助言を聞くことで、練習方法のよし悪しに気づくことがある。

イ　一人で芸の練習をしてきた人は、他者と競い合った時に、自分の技量のよし悪しに気づくことがある。

ウ　経験を重ね一つの芸に精通した人は、他の芸を一見するだけで、腕前のよし悪しに気づくことがある。

エ　長い間芸に身近に接し続けてきた人は、自分が習っていなくても、芸のよし悪しに気づくことがある。

□　〔栃木〕

14 随筆③

【　月　日】

例題 次の古文を読んで、あとの問いに答えなさい。

仁和寺《にんなじ》にある法師、年よるまで、*石清水《いはしみづ》を拝《をが》まざりければ、心うく覚《おぼ》えて、ある時思ひ立ちて、ただひとりかちより詣《まう》でけり。*極楽寺《ごくらくじ》・高良《かうら》などを拝みて、かばかりと心得て帰りにけり。さて、かたへの人にあひて、「年比《としごろ》思ひつること、果《はた》し侍《はべ》りぬ。聞きしにも過ぎて、尊《たふと》くこそおはしけれ。そも、参《まゐ》りたる人ごとに山へのぼりしは、何事かありけん、ゆかしかりしかど、神へ参るこそ本意《ほい》なれと思ひて、山までは見ず」とぞ言ひける。

少しのことにも、先達《せんだち》はあらまほしき事なり。

（兼好法師《けんこうほうし》「徒然草《つれづれぐさ》」）

*石清水＝石清水八幡宮《はちまんぐう》。
*極楽寺・高良＝石清水八幡宮のふもとにある寺。

問 ――線部「仁和寺にある法師」は、どんな失敗をしたか。次の□に入る言葉を文中から抜き出して書きなさい。

①を参詣したつもりで、②だけに参詣して帰ってしまった。

① □

② □

別冊解答 17ページ

ポイント解説

★随筆のおもしろさをとらえる

文章全体の内容をつかんだうえで、筆者が伝えたいであろうおもしろさをとらえる。

上の例題では、法師の行動を順々にたどっていき、結局「山までは見ず」と言っていることに注目する。

現代語訳

仁和寺にいる法師が、年を取るまで、石清水八幡宮に参詣しなかったので、情けなく思って、あるとき思い立って、たった一人で徒歩で参詣した。極楽寺や高良などを拝んで、これだけだと思い込んで帰ってしまった。そして、仲間に会って、「長年願っていたことを成し遂げました。聞いていた以上に、尊くございました。それにしても、参詣している人が皆山にのぼったのは、何事かあったのか、知りたかったけれども、神に参るのが本来の目的であると思って、山までは見ていません」と言った。ちょっとした事でも、案内者はあってほしいものである。

読み方注意！

★筆者の考えからおもしろさにアプローチする

文中で、おもしろいところが明示されるわけではないので、構成や筆者の考え・感想から探らなければならない。

Step 1 基本問題

別冊解答 18ページ

1 次の古文を読んで、あとの問いに答えなさい。

或人《あるひと》、弓射《い》る事を習《なら》ふに、*もろ矢をたばさみて的《まと》に向《むか》ふ。師《し》の言はく、「初心《しょしん》の人、二つの矢を持つ事なかれ。後《のち》の矢を頼《たの》みて、はじめの矢に*等閑《なほざり》の心あり。毎度《まいど》ただ得失《とくしつ》なく、この一矢《ひとや》に定《さだ》むべしと思へ」と言ふ。わづかに二つの矢、師の前にてひとつをおろかにせんと思はんや。*懈怠《けだい》の心、みづから知らずといへども、師これを知る。この戒《いまし》め、万事《ばんじ》にわたるべし。

（「徒然草」）

＊もろ矢＝二本の矢。
＊等閑の心＝おろそかにする心。
＊懈怠の心＝怠け心。

よくでる 問 ――線部「この戒め」の指す内容として最も適当なものを、次の中から選び、記号で答えなさい。

ア 怠け心は自分ではわからないものだ。
イ 師匠の前では怠け心を起こすことはない。
ウ 初心者は師匠の指導に従うべきだ。
エ 初心者は欲張ってやろうとしてはいけない。

□

2 次の古文を読んで、あとの問いに答えなさい。

*懸想人《けさうびと》にて来たるは、言ふべきにもあらず、ただうち語らふも、またさしもあらねど、*おのづから来《き》などもする人の、簾《す》の内《うち》に、人々あまたありて物など言ふにゐ入《い》りて、*とみも帰りげもなきを、供《とも》なるをのこ、童《わらは》など、とかくさしのぞき、けしき見るに、「斧《をの》の柄《え》も朽《く》ちぬべきなめり」と、いと*むつかしかめれば、長やかにうちあくびて、みそかにと思ひて言ふらめど、「あなわびし。煩悩苦悩《ぼんなうくなう》かな。夜は夜中《よなか》になりぬらむかし」と言ひたる、いみじう心づきなし。かの言ふ者は、ともかくもおぼえず、このゐたる人こそ、をかしと見え聞えつる事も失《う》するやうにおぼゆれ。

（清少納言《せいしょうなごん》「枕草子《まくらのそうし》」）

＊懸想人＝恋人。
＊おのづから＝ひょっこり。突然。
＊とみも＝急に。
＊むつかしかめれば＝我慢しがたいようで。

よくでる 問 筆者は誰を最も低く評価しているか。次の中から選び、記号で答えなさい。

ア 恋人として来た人。
イ 簾の内側で話している人々。
ウ 長く座っている人。
エ お供の男や童子。

□

1 次の古文を読んで、あとの問いに答えなさい。

　*天保《てんぽう》七年の春、*小千谷《をぢや》の*縮《ちぢみ》商人芳沢屋《よしさはや》東五郎といふもの、商ひのため西国にいたり、ある城下に逗留《とうりう》の間、旅宿の主《あるじ》が話に、「この近在の*農人《のうにん》、おのれが田地のうちに病《や》める鶴《つる》ありて死にいたらんとするを見つけ、貯《たく》へたる*人参《にんじん》にて鶴の病《やまひ》を養ひしに、日あらず（何日もたたないで）病癒《い》えて飛び去りけり。さて翌年の十月、鶴二羽かの農人が家の庭近く舞ひくだり、稲二茎《けい》を落とし一声《ひとこゑ》づつ鳴きて飛び去りけり。主人《あるじ》拾ひ取りて見るにその丈六尺にあまり（その長さは一・八メートル以上で）、穂もこれにつれて長く、穂の一枝《ひとえだ》に稲四五百粒あり。主人おもへらく、『さては去年の病鶴《びやうかく》、恩《おん》に報《むく》はんため異国《ゐこく》より咥《くは》えきたりしならん（くわえてきたのだろう）。何にもあれ（何であっても）、いと珍しき稲なり。』とて*領主《りやうしゆ》に奉《たてまつ》りけるに、しばらくとどめおかれしのち、そのまま主人に賜《たま》はり、『よく養へ。』と仰《おほ》せによりて、苗《なへ》のころにいたり（田植えのころになって）、心をつくして植ゑつけけるに、鶴が与へしに変はらずよく生《お》ひいでければ、*国《くに》の守《かみ》へも奉りし。」と語れり。

　東五郎なほその村その人をも尋《たづ》ね聞けば、鶴を助けたる人は東五郎が縮を売りたる家なれば、すぐさまその家にいたり、なほ委《くは》しく聞きて、「さて国の土産《みやげ》にせん、*籾《もみ》を一二粒賜はれかし（くださいませ）。」と乞《こ》ひければ（求めたところ）、主人「越後は米のよき国と聞けばことさらに生ひなん。」とて、籾五六十粒与へたるを国へ持ち帰りて事のよしを申して、*邦君《はうくん》に奉りしを、御城内に植ゑしめたまひ（植えさせなさって）、東五郎へ御褒賞《ほうしやう》などありし。

（鈴木牧之《すずきぼくし》「北越雪譜《ほくえつせつぷ》」）

＊天保＝江戸時代の年号。一八三〇～一八四四年。
＊小千谷＝新潟県中南部の地名。あとに出てくる「越後」は、現在の新潟県にほぼ相当する。
＊縮＝細かいしわのある夏向きの織物。
＊農人＝あとに出てくる「主人」と同じ人物。
＊人参＝薬用として使われるニンジン。
＊領主＝ここでは「農人」の住む村を治めている者。
＊国の守＝ここでは領国を治めている者。
＊籾＝もみがらがついたままの米。ここでは種子としてまくための種籾。
＊邦君＝「小千谷」を治めている者。

問 文中の内容と一致するものを次の中から選び、記号で答えなさい。

ア「農人」は、田んぼのわなにかかった「鶴」を助けて介抱した結果、その恩返しとして「稲二茎」を手に入れて、人々に豊かな恵みを与えた。

イ「東五郎」は、「鶴」からもたらされた稲の話を聞きつけたことをきっかけに、その籾を手に入れて小千谷の地に持ち帰り、「邦君」にささげた。

ウ「農人」は、ある宿に泊まって「旅宿の主」と話が弾んだことで、うっかりと稲の秘密を明かしてしまい、「籾五六十粒」を譲ることになった。

エ「東五郎」は、「旅宿の主」を通して貴重な稲の話を聞き、「農人」を訪ねてその籾を譲ってもらったお礼に縮を渡したところ、大変喜ばれた。

□ 〔神奈川〕

2 次の古文を読んで、あとの問いに答えなさい。

ある人、時刻を知らんためにとて、*自鳴鐘《とけい》を求めんとするを、その妻、これをとどめていひけるは、明けくれにかくる世話のみにあらず。くるひたる折からには、その隙《ひま》をつひやし、自鳴鐘のために、かへりて時を失ふこと多からん。やめ給《たま》へといへば、さあらば《それならば》庭鳥《にはとり》を飼ふべしといふに、その妻、又とどめていひけるは、時刻は人のうへにあり。潮の満干もこれとおなじかるべし。自鳴鐘、鶏を便りとするは、勤めに怠るもののいたすことなりと、夫を諫《いさ》め、つひに鶏をも飼はずなりにき。

（柳沢淇園《やなぎさわきえん》「雲萍雑志《うんぴょうざつし》」）

*自鳴鐘＝室町時代に伝えられた、歯車仕掛けで自動的に鐘が鳴って時刻を知らせる時計。

問 ――線部「鶏をも飼はずなりにき」について、なぜ夫はこのような結論にいたったのか。その理由を説明した次の文の ① 、 ② に入る言葉を書きなさい。ただし、 ① は文中から四字で抜き出して書き、 ② は文中の言葉を用いて十一字以内で書くこと。

時刻は ① と同様、人の力の及ばないものなので、 ② 姿勢はよくないと諭されたから。

①

記述式 ②

〔千葉〕

Step 3 実力問題

別冊解答 19ページ

時間 50分 合格点 35点 得点 点 【 月 日】

1 次の古文を読んで、あとの問いに答えなさい。(20点)

能をつかんとする人（一芸を身につけようとする人は）、よくせざらんほどは（上手にできないうちは）、なまじひに（うっかり）人に知られじ（人に知られないようにしよう）。うちうちよく（こっそりと十分に）習ひ得てさし出《い》でたらんこそ（人前に出る方が）、いと心にくからめ（たいそう奥ゆかしいだろう）と常に言ふめれど（言うようだが）、かく（このように）いふ人、一芸も習ひ得ることなし。いまだ堅固《けんご》かたほなるより（まだまったく未熟なうちから）、上手の中に交《まじ》りて、毀《そし》り笑はるる（けなされ）にも恥ぢず、つれなく（平気で）過ぎて嗜《たしな》む（励む）人、天性その骨なけれども（生まれつきの才能）、道になづまず（停滞せず）、妄《みだ》りにせずして（自分勝手にしないで）年を送れば、堪能《かんのう》の嗜まざる（才能があっても励まない人）よりは、終《つひ》に上手の位にいたり、徳たけ（人徳が十分備わり）、人に許されて（人に認められて）、双《ならび》なき名を得る事なり。

（兼好法師《けんこうほうし》「徒然草《つれづれぐさ》」）

よくでる 問い ――線部「かくいふ人」について、(a)・(b)に答えなさい。

(a) 「かく」が指す部分の初めを「よくせざらん」からとすると、終わりはどこまでか。文中から終わりにあたる三字を抜き出して書きなさい。(10点)

(b) 次の文は、「かくいふ人」がどのような考えをもっているかについて、ある生徒がまとめたものである。□に入る適当な言葉を十字以上十五字以内の現代語で書きなさい。ただし、「努力」という語句を必ず用いること。(10点)

□ことを奥ゆかしく立派な態度であるとする考えをもっている。

（徳島）

2 次の古文を読んで、あとの問いに答えなさい。(10点)

＊祖仙《そせん》、崎陽《きやう》の人（長崎出身の人で）、浪花《なには》に（大阪に）すめり。猿をうつして（写生して）、画名一時に雷同す（大変有名になった）。世に祖仙の猿と称して渇望《かつぼう》するもの多し。其《その》はじめ崎陽に在る日、猟者に託して一猿を買ひ得たり。これを庭樹《にはき》につなぎ置きて、そのかたはらにありて猿の趣（様子）を写すこと数篇《へん》にして、つひに絹に浄写し（絹の織物に清書し）、＊来舶の某氏の鑑を乞ふ（批評をお願いした）。某氏のいはく、「惜しむべし、此《この》猿は人家の養育の形にて山中自在のおもむきにあらず」といはれければ、

猶《なほ》《さらに》また山中に入り切磋《せつさ》すること《努力して励む》両三年《二、三年》、終《つひ》に其真図を得たりと。

（大田南畝《おおたなんぽ》「仮名世説《かなせせつ》」）

＊祖仙＝江戸時代後期に活躍した画人。
＊来舶の某氏＝外国から渡来したある人。

重要 問 文中の――線部「其真図を得たり」の内容を説明したものとして最も適当なものを、次の中から選び、記号で答えなさい。

ア 猿を描いた絵が世間から望まれる理由を考え続け、ようやくわかるようになった。
イ 絵から離れ山中で修行を続け、やっと某氏の言葉の意図をつかめるようになった。
ウ 猿の野生の姿を描き続け、とうとう猿本来の姿を描くことができるようになった。
エ 数年間山中で野生猿の観察を続け、最終的には猿の生態を理解するようになった。

［　　］ （千葉）

3 次の古文を読んで、あとの問いに答えなさい。（20点）

＊亀山殿《かめやまどの》建てられんとて、地を引かれけるに、《お建てになろうとして、地ならしをなさったところ、》大きなる蛇、数も知らず凝《こ》り集まりたる《数えきれないほど集まっている》＊塚ありけり。この所の神なり《神である》といひて、ことのよし《事の次第》をまうしければ《お知らせしたところ》、「いかがあるべき」と勅問《ちょくもん》ありけるに《上皇がお尋ねになったので、》、「古くよりこの地を占めたる物ならば《この土地を居場所としているものならば、》、さうなく掘り捨てられがたし《むやみに掘り起こしてお捨てになることは難しいです。》」と皆人まうされけるに《その場にいた人々は皆返答いたされたが、》、＊この大臣《おとど》一人、「王土にをらん蟲《むし》《上皇が治める土地にいる生き物が、》、皇居を建てられんに《お建てになる時に、》、何のたたりをかなすべき《何の災いももたらすはずがありません。》。＊鬼神は＊よこしまなし。とがむべからず《（蛇は）決して責めるはずがありません。》。ただ皆掘り捨つべし《掘り起こして捨てるべきです。》」とまうされたりければ《進言なさったので、》、塚をくづして、蛇をば大井河に流してけり《流してしまった。》。さらにたたりなかりけり《まったく災いは起こらなかった。》。

（「徒然草」）

＊亀山殿＝後嵯峨《ごさが》上皇が造営した宮殿。
＊塚＝土が小高く盛り上がっているところ。
＊この大臣＝亀山殿の建設の責任者。
＊鬼神＝本文二行目の「神」と同じ。
＊よこしま＝道理に外れた行い。

問 ――線部「さうなく掘り捨てられがたし」について、人々がこのように言った理由を説明した次の文の［　］に入る内容を、文中（現代語訳は含まない）から［①］は五字で、［②］は三字でそれぞれ抜き出して書きなさい。（10点×2）

蛇は、「［①］」であり、むやみに掘って捨てるようなことをすれば、「［②］」があると考えたから。

①［　　　　　］
②［　　　］
（長崎）

第1章　第2章　第3章　総仕上げテスト

15 紀行文

【　月　日】

例題 次の古文を読んで、あとの問いに答えなさい。

夜《よる》も已《すで》に明け行けば、星の光は隠れて、*宿《やど》立つ人の袖《そで》は、よそなる声によばはれて、しらぬ友にうちつれて出づ。暫《しばら》く*旧橋《きうけう》に立ちとどまりて、珍しき渡《わたり》を興ずれば、橋の下にさしのぼる潮《うしほ》は、帰らぬ水をかへして上《かみ》ざまに流れ、松を払ふ風の足は、頭《かしら》を越えてとがむれどもきかず。大方《おほかた》、*羇《き》中《ちゆう》の贈物《おくりもの》は、此処《ここ》に儲《まう》けたり。

（「海道記《かいどうき》」）

＊宿立つ人＝ここでは筆者のこと。
＊旧橋＝かつて、浜名湖から海へそそぐ川にかかっていた橋。名所として有名だったが、湖が海につながり失われた。
＊羇中の贈物＝旅をする中での、すばらしい景色。

問 ――線部「羇中の贈物」とあるが、旅の途中で見たどのような景色をすばらしいと感じているか。最も適当なものを、次の中から選び、記号で答えなさい。

ア 橋の下へ寄せ返す潮と、見事な松の景色。
イ 見事な松のそばに立派な橋がかかっている景色。
ウ 荒々しい波が橋の上までせりあがろうとする景色。
エ 旅の仲間がそれぞれの道に別れて先を行く景色。

□

別冊解答 20ページ

ポイント解説

★旅を通して体験したことをとらえる

紀行文では、筆者が旅をして見聞したことと、そこから感じたことなどが書かれている。上の例題では、「夜も已に明け行けば～とがむれどもきかず。」の部分は、筆者が経験したことである。その経験に対して「大方、羇中の贈物は、此処に儲けたり。」という感想を抱いている。

現代語訳

夜もすでに明けてきたので、星の光は見えなくなって、宿を出発する人（私）は、よその人の声に呼ばれて、知らない人を旅の仲間として連れ立って出る。しばらくかつて橋があったところに立ち止まって、珍しい渡り場の景色をおもしろがっていると、橋の下にのぼる潮は、川があったらもどらないはずの水を返して上のほうへ流れ、松を吹く風の足は、頭を越えて（吹き）とがめてもきかない。一般に、羇中の贈物というものは、ここに用意されている。

読み方注意！

★できごとの順序に注意する

基本的には起きた順に書かれているので、丁寧に追っていく。筆者の感想が述べられている場合は何に対するものかを確認する。

別冊解答 20ページ

1 次の古文を読んで、あとの問いに答えなさい。

十四日、蒲原《かんばら》を立ちて遥かに行けば、前路《せんろ》に進み先立つ*賓《まらうと》は、馬に水飼ひて後河《こうか》にさがりぬ。後程《こうてい》にさがりたる己《おのれ》は、野に草敷きてまだこぬ人を先にやる。先後《せんご》あれば、行《かう》旅《りよ》の習《ならひ》も思ひしられて打ち過ぐるほどに、富士川《ふじがは》を渡りぬ。（「海道記」）

＊賓＝客人。

問 ——線部「先後あれば」とありますが、何が先になったり後になったりするのか。最も適当なものを、次の中から選び、記号で答えなさい。

ア 旅の行程。
イ 馬に水を飲ませる順序。
ウ 乗船の順序。
エ 旅人それぞれの進み方。

□

2 次の古文を読んで、あとの問いに答えなさい。

なほうち過ぐるほどに、ある木陰《こかげ》に石を高く積みあげて、目に立つさまなる塚あり。人に尋ぬれば、「梶原《かぢはら》が墓」となん答ふ。道のかたはらの土となりにけりと見ゆるにも、顕基中納言《あきもとのちゅうなごん》の口ずさみ給へりけん、「年々《としどし》に春の草の生《お》ひたり」といへる詩、思ひ出でられて、これも又《また》古き塚となりなば名だにも残らじと哀れなり。*羊太傅《やうたいふ》が跡にはあらねども、心ある旅人はここにも涙をや落すらん。かの梶原は、将軍二代の恩にほこり、武勇*三略《ぶようさんりやく》の名を得たり、かたはらに人なくぞ見えける。いかなることかありけん、かたへの憤《いきどほ》り深くして、忽《たちま》ちに身を滅ぼすべきになりにければ、ひとまども延びんとや思ひけん、都の方《かた》へ馳《は》せ上《のぼ》りけるほどに、駿河国吉川《するがのくにきかは》といふ所にて討たれにけりと聞きしが、さはここにてありけりと哀れに思ひ合せらる。（「東関紀行《とうかんきこう》」）

＊羊太傅が跡＝古代中国の役人で、人徳が慕われて、その碑を見て皆が涙を流したという故事を踏まえている。
＊三略＝古代中国の兵法書。ここでは戦略にすぐれていることを示す。

よくでる 問 ——線部「さはここにてありけり」とあるが、何を見つけてこう言っているか。文中から四字で抜き出して書きなさい。

□□□□

【　月　日】

別冊解答 21ページ

1 次の古文を読んで、あとの問いに答えなさい。

唐土《もろこし》（中国）の召公奭《せうこうせき》は周の＊武王《ぶわう》の弟なり。＊成王《せいわう》の＊三公として燕《えん》といふ国をつかさどりき（治めた）。むかし（かつて）の西の方を治めし時、ひとつの＊甘棠《かんたう》のもとをしめて（下に座って）政《まつりごと》を行ふ時、司人《つかさびと》（役人）より始めてもろもろの民にいたるまで、その本《もと》（生活を立てるための仕事）をうしなはず、あまねく（広く）又、人のうれへをことわり（訴えを公平に裁き）、重き罪をもなだめけり（許してやった）。国の民こぞりてその徳政をしのぶ故に、召公去りにし（亡くなった後）跡までも、かの木を敬ひてあへて伐《き》らず、歌をなんつくりけり。

＊後三条《ごさんでう》天皇、東宮にておはしけるに（皇太子でいらっしゃったときに）、＊学士＊実政《さねまさ》任国におもむく時（国司として任命された国へ赴任するときに）、「国の民たとひ甘棠の詠をなすとも（歌を作っても）、忘るることなかれ、多くの年の＊風月の遊び（長年ともに楽しんだ）」といふ御製を給はせたりけるも（自分でお作りになった詩をお与えになったのも）、この心にやありけん、いみじくかたじけなし（本当にありがたいことである）。

（東関紀行《とうかんきこう》）

＊武王＝中国の周王朝の祖。　＊成王＝武王の子。
＊三公＝周王朝時代の最高位の官名。　＊甘棠＝果樹の名。
＊後三条天皇＝平安時代後期の天皇。
＊学士＝皇太子の教育に当たる学者の官名。
＊実政＝藤原《ふじわらの》実政。平安時代後期の貴族で学者。
＊風月の遊び＝自然の美しい風物に親しんで詩歌を作ること。

問 文中の内容と一致するものを次の中から選び、記号で答えなさい。

ア 召公は燕国を治めていたとき、自らぜいたくを戒めて公平な政治を行ったことから、主君としての評価を高めた。

イ 召公の善政に心から敬服していた国民は、その徳を慕って死後も召公ゆかりの木を切らず、公をしのぶ歌を作った。

ウ 実政は、都を離れ任国へ下る自分を心配する東宮に、都のことは決して忘れないという気持ちを歌にして贈った。

エ 実政が任国に向けて出発する日、東宮は甘棠の木の下でともに政治を行ったことを思い出し、一人その場所を訪れた。

［愛知］ □

2 次の古文を読んで、あとの問いに答えなさい。

福井は三里ばかりなれば、夕飯したためて出《い》づるに、たそかれの路《みち》たどたどし。ここに＊等栽《とうさい》といふ古き＊隠士《いんじ》あり。

いづれの年にか、江戸に来《きた》りて予《よ》を尋ぬ。遥《はる》か十年余りなり。いかに老いさらぼひてあるにや、はた死にけるにやと人に尋ね侍《はべ》れば、「いまだ存命して、そこそこ」と教ふ。市中ひそかに引き入りて、あやしの小家に夕顔《ゆふがほ》・へちまの延《は》えかかりて、鶏頭《けいとう》・帚木《ははきぎ》に＊戸ぼそをかくす。「さてはこのうちにこそ」と門をたたけば、わびしげなる女の出でて、「いづくよりわたり給《たま》ふ＊道心《だうしん》の御坊《ごばう》にや。あるじは、このあたり何某《なにがし》といふ者の方《かた》に行きぬ。もし用あらば尋ね給《たま》へ」と言ふ。かれが妻なるべしと知らる。＊昔物語にこそかかる風情《ふぜい》は侍《はべ》れと、やがて尋ねあひて、その家に二夜泊《と》まりて、名月は敦賀《つるが》の湊《みなと》にと旅立つ。

（松尾芭蕉《まつおばしょう》「おくのほそ道《みち》」）

＊等栽＝俳人で、福井俳壇の古老。
＊隠士＝俗世間との交わりを絶ち、自適の生活を送っている人。
＊戸ぼそ＝扉または戸。　＊道心の御坊＝仏道修行の僧侶。
＊昔物語＝『源氏物語』を指す。

問　——線部「昔物語にこそかかる風情は侍れ」とあるが、このときの筆者の心情はどのようなものか。その説明として最も適当なものを、次の中から選び、記号で答えなさい。

ア　『源氏物語』ではこうした風情は否定されているものだと、旧知の友が落ちぶれたようすに幻滅している。
イ　『源氏物語』にもこのような風情があってほしいものだと、旧知の友の脱俗した生き方を賞賛している。
ウ　『源氏物語』にはこうした風情が出てくるものだと、旧知の友との再会を目前にして好ましく思っている。
エ　『源氏物語』でもこのような風情はめったにないものだと、旧知の友の優雅な生活ぶりを羨ましく思っている。

〔東大寺学園高〕　□

3　次の古文と現代語訳を読んで、あとの問いに答えなさい。

【古文】
月日は百代《はくたい》の過客《くわかく》にして、行きかふ年もまた旅人なり。舟《ふね》の上に生涯を浮かべ、馬の口とらへて老いを迎ふる者は、日々旅にして旅をすみかとす。

（「おくのほそ道」）

【現代語訳】
月日は永遠に旅を続けて行くものであり、来ては去り去っては来る年々も、また同じように旅人である。舟の上に身を浮かべて一生を送り、旅人や荷物を乗せる馬をひいて生涯を過ごし、老年を迎える者は、日々が旅であって、旅そのものを常のすみかとしている。

問　【古文】の——線部「行きかふ年」の部分は、【現代語訳】のどの部分と対応しているか。適当な部分を【現代語訳】の中から抜き出して書きなさい。

〔滋賀〕

和歌と俳句

【　月　日】

例題 次の古文を読んで、あとの問いに答えなさい。

故右京《うきやう》の大夫《かみ》宗于《むねゆき》の君《きみ》、*なりいづべきほどに、わが身のえなりいでぬことと、思ひたまひけるころほひ、亭子《ていじ》の帝《みかど》に、紀伊国《きのくに》より石つきたる*海松《みる》をなむ奉《たてまつ》りけるを題にて、人々歌よみけるに、右京の大夫、

*沖つ風ふけゐの浦に立つ浪《なみ》の*なごりにさへやわれはしづまむ

（『大和物語《やまとものがたり》』）

＊なりいづ＝出世する。
＊海松＝海藻の名前。
＊沖つ風＝沖を吹く風。
＊なごり＝余波。

問 ――線部「ふけゐの浦」は「吹井の浦」という地名であるが、もう一つ意味が掛けられています。どんな意味が掛けられているか、書きなさい。

別冊解答 22ページ

ポイント解説

★和歌の特徴や技法をとらえる

- **句切れ**…意味や調子の切れ目。句切れのない歌もある。
- **掛詞《かけことば》**…一つの言葉に二つ以上の意味をもたせる技法。
- **体言止め**…終わりを体言（名詞）で止め、言い切らないことで深い余韻を残す技法。
- **季節感**…和歌では季節感のある事物を詠むことも多いので、見逃さないようにする。

上の例題では、「ふけゐの浦」が掛詞になっている。掛詞は通常、前の言葉から続く意味と、後ろの言葉に続く意味が重ねられている。

現代語訳

亡くなった右京の大夫宗于の君が、出世するはずのときに、自分は出世できないなあと思いなさっているころ、亭子の帝に紀伊の国から石のついた海松を献上したのを題にして人々が歌を詠んだときに、右京の大夫（が詠んだ歌）
沖の風が吹いて吹井の浦に波が立ち、その余波でさえ私は（岸に打ち寄せられないで）しずんでいるのだろうか。

読み方注意！

★俳句の特徴・技法

和歌と同様に句切れに注目する。そのほか、季語などが表す季節も重要なポイントである。

Step 1 基本問題

別冊解答 22ページ

1 次の古文を読んで、あとの問いに答えなさい。

*位《くらゐ》につき給ひて高殿《たかどの》に登りて民の家々を御覧《らん》じつかはすに、民《たみ》の家に*煙《けぶり》立たず。嘆《なげ》きて宣《のたま》はく、「民の家に煙立たず。近き国だに*かかり。まして、遠国《とほくに》に*如何《いか》ならん。今三《み》年《とせ》は国々貢物《みつぎもの》*な奉《たてまつ》りそ。御膳・御服・御殿の事、ただかくてありなん」と。三年過ぎて、また高殿に登りて御覧ずるに、民の家々皆煙立ちのぼりけり。御覧じて、「民富《と》めり。我《われ》すでに富みぬ」とて、詠《よ》み給へる御製《おほみうた》なり。

高き屋《や》に登りて見れば煙たつ民の*竈《かまど》は賑《にぎは》ひにけり

（藤原俊成《ふじわらのしゅんぜい》「古来風躰抄《こらいふうていしょう》」）


*位＝ここでは、天皇の位。

*煙＝炊事をするための煙。これが立っていないのは、貧しい暮らしをしていることを意味する。

*かかり＝このようである。　*如何ならん＝どうだろう。

*な奉りそ＝献上するな。

*竈は賑ひにけり＝暮らしは楽になったなあ。

よくでる 問 ——線部の歌は何句切れか、書きなさい。

---

2 次の古文を読んで、あとの問いに答えなさい。

斧《をの》の柄は*くちなばまたも*すげかへむうき世の中に*かへらずもがな

〔六帖　二　一〇一九〕

これは、仙人の*むろに、囲碁《ゐご》をうちてゐたりけるを、木こりのきて、斧といへる物を持たりけるを、*つがへて、このうつ碁を見けるに、その斧の柄の、くちて*くだけにければ、*あやしと思ひて、帰りて家を見れば、あともなく、昔にて、知れる人もなかりけるとぞ。

（源俊頼《みなもとのとしより》「俊頼髄脳《としよりずいのう》」）


*くちなば＝朽ちてしまったら。

*すげかへむ＝すげ替えられるだろうに。

*かへらずもがな＝帰らないでいればいいなあ。

*むろ＝岩屋。

*つがへて＝支えにして。

*くだけにければ＝砕けてしまったので。

*あやし＝不思議だ。

問 「斧の柄は～」の歌は、誰の気持ちを詠んだものか、書きなさい。

Step 2 標準問題

別冊解答22ページ　【　月　日】

1 次の古文を読んで、あとの問いに答えなさい。

五月ついたちごろ、つま《軒先》近き*花橘《はなたちばな》の、いと白く散りたるをながめて、

時ならず《季節はずれに》ふる雪かとぞながめまし《眺めたことだろうに》花たちばなの薫《かを》らざりせば《薫っていなかったら》

（菅原孝標女《すがわらのたかすえのむすめ》「更級日記《さらしなにっき》」）

*花橘＝香り高い白い花をつける木。ここではその花のこと。

問　歌の季節を漢字一字で答えなさい。〔富山〕

□

2 次の古文を読んで、あとの問いに答えなさい。

*足柄《あしがら》といひし山の麓《ふもと》に、暗がりわたりたりし《暗く茂り続いていた》木のやうに、茂れる所なれば、十月ばかりの紅葉《もみぢ》、四方《よも》の山辺よりもけにいみじく《一段とすぐれて》おもしろく、錦《にしき》をひけるやうなるに《引いたようである》、外《ほか》より来たる人の、「今、まゐりつる道に、紅葉のいとおもしろき所のありつる」といふに、ふと、

いづこにも劣らじ《劣らないだろうに》ものをわが宿《家》の世をあきはつる《飽き果てて住む秋の終わりの》けしきばかりは

（「更級日記」）

*足柄＝地名。

問　歌の句切れを答えなさい。〔富山〕

□

3 次の和歌を、季節の進行順に並べ替えなさい。なお、和歌の世界では『古今和歌集』以来の伝統として、一年は立春から始まると考えられているので、ここでもそれに従うこと。

A　石走《いはばし》る滝もとどろに鳴く蝉《せみ》の声をし聞けば都し思ほゆ　大石蓑麻呂《おおいしのみのまろ》

B　このごろは花も紅葉も枝になししばし*な消えそ松の白雪　後鳥羽院《ごとばいん》

C　梅の花匂《にほ》ひを道の標《しるべ》にて主《あるじ》も知らぬ宿に来にけり　藤原公行

D　あしびきの山吹の花散りにけり井出の蛙《かはづ》は今や鳴くらむ　藤原興風《ふじわらのおきかぜ》

E　人住まず荒れたる宿を来てみれば今ぞ木の葉は錦《にしき》織りける　伊勢《いせ》

*な消えそ＝消えないでください

□→□→□→□→□　〔慶應義塾高〕

4 次の古文を読んで、あとの問いに答えなさい。

今はむかし、八月十五日夜は、名におふ《その名のとおり》月の満てる時分

なり。この夜は、日と月とさし望む事の正しければ《真正面に向かい合うので》、月の光もことさらに明らかなる故に望月《もちづき》ともいふなり。又、まんまるに満つる故に餅月といふとも申し伝えし。詩作り《漢詩人や》・歌詠《よ》みども《歌人たちは》、日頃より含み句*をこしらへて、ただ今作りしやうにもてなし、うめきすめきて《とりつくろい、苦心してうんうん言って》詠み出《い》だす。さるままに日暮《ひぐれ》より雲うづまきて雨ふり出でしかば、かねて作りける詩歌相違して、夜ふくれども一首も出でず。「*浮世房《うきよばう》、いかにいかに《どうだどうだ》。」と仰《おほ》せられしかば《主君がおっしゃるので》、仰《あふ》のきうつぶき《上を向いたり下を向いたり》、麦穂の風にふかるるやうにして案じける折節《ちょうどその時》、*鴈《がん》のわたる声聞《きこ》えければ、「雲外に鴈を聞きて夜声《よる》を。」ととなへさまに、ふと思ひよりてかくぞ詠みける。

雨ふれば三五夜中の真の闇二千里《じせんり》わたるくらかりの声《十五夜も真っ暗やみになってしまったが、その暗がりの中に、二千里渡って行くという雁の声が聞こえてくる》

（浅井了意《あさいりょうい》「浮世物語《うきよものがたり》」）

*含み句＝ここでは月見の会に披露するために前もって考え用意しておいた詩歌のこと。
*浮世房＝人名。ある屋敷の主君に仕えていた。
*鴈《かり》＝雁に同じ。

問 ——線部「かくぞ詠みける」とあるが、浮世房が詠んだ「雨ふれば三五夜中の真の闇二千里わたるくらかりの声」と同じ季節が詠まれている和歌として最も適当なものを、次の中から選び、記号で答えなさい。

A 春過ぎて夏来たるらし白たへの衣《ころも》干したり天《あめ》の香具《かぐ》山《やま》　持統天皇《じとうてんのう》
B 秋来《き》ぬと目にはさやかに見えねども風の音にぞおどろかれぬる　藤原敏行《ふじわらのとしゆき》
C 人はいさ心も知らずふるさとは花ぞ昔の香ににほひける　紀貫之《きのつらゆき》
D 冬枯れの森の朽葉《くちば》の霜の上に落ちたる月の影の寒けさ　藤原清輔《ふじわらのきよすけ》

〔埼玉〕 □

5 次の俳句と俳句に表現されている季節の組み合わせとして適当でないものを、次の中から選び、記号で答えなさい。

A 白梅に明《あ》くる夜ばかりとなりにけり（与謝蕪村《よさぶそん》）——春
B 閑《しず》さや岩にしみ入る蟬《いるせみ》の声（松尾芭蕉《まつおばしょう》）——夏
C 大紅葉燃え上らんとしつつあり（高浜虚子《たかはまきょし》）——秋
D 草の戸も住み替はる代ぞ雛《ひな》の家（松尾芭蕉）——冬

〔鳥取—改〕 □

Step 3 実力問題

別冊解答 24ページ

時間 50分　合格点 35点　得点 　点　【　月　日】

1 次の**A**の古文は、『弁内侍日記《べんのないしにっき》』の一部であり、蹴鞠《けまり》の会について記したものである。また、**B**の現代文は、**A**の古文について述べたものである。この二つの文章を読んで、あとの問いに答えなさい。(40点)

A 日、①暮れかかる程、ことに面白く侍《はべ》りしかば、弁内侍、

〈Ⅰ〉花の上にしばしとまりと見ゆれども
　　木伝《こづた》ふ枝に散る桜かな

少将《せうしやう》内侍、

〈Ⅱ〉思ひあまり心にかかる夕暮《ゆふぐれ》の（蹴鞠ももう終わりかと惜しまれる）
　　花の名残《なごり》もありとこそ聞け（桜に名残あり、ありと聞こえるよ）

数も上がりて（落とさずに続いて）、梢《こずゑ》のあなた（向こう）へまはる程（鞠が飛んだのを）、左衛門督《さゑもんのかみ》の足も早く見え侍りしを、兵衛督《ひやうゑのかみ》殿、「鞠はいしいものかな（立派なものですね）、あれ程左衛門督を走らすることよ」とありしを、大納言、「我も、さ見つるを（そう思っていたが）、いみじくも（まことにすばらしく）名句を聞えさするものかな（言うものだなあ）。＊傅《めのと》にてあるに（あなたは傅であるので）、この返事あらばや」と侍りしかば、弁内侍、

〈Ⅲ〉散る花をあまりや風の吹きつらむ
　　②春の心はのどかなれども

＊傅＝付き添い、世話をする者のこと。ここでは左衛門督に好意を寄せている弁内侍を、大納言がこのように言った。

B 春のある日、貴族達が集まり、桜の木の近くで蹴鞠の会が催されました。蹴鞠とは貴族の遊びの一種です。鹿の革などで作った鞠を数人で蹴って、地面に落とさないように受け渡します。また、木の上の方に高く蹴り上げられて、そこから枝を伝って落ちてくる鞠を地面に落とさないように再び蹴り上げることもあります。鞠を蹴るときには、「あり、あり」とかけ声をかけます。

Aの文章は弁内侍、少将内侍、兵衛督という三人の女性と大納言が、左衛門督たちの蹴鞠をしている様子を、見物している場面です。

〈Ⅰ〉〜〈Ⅲ〉の三つの和歌には、一つの言葉にもう一つの意味が掛けられています。例えば、〈Ⅲ〉の和歌において「あまり」という語は「余り」という意味ですが、「まり」という語が含まれており、「鞠」という意味も掛けられています。したがって、「あまりや風の吹きつらむ」は「余りに風が吹き、鞠が飛んだのだろう」ということを表現しています。

また、「春の心はのどかなれども」では、「春はのどかであるのに」と季節のことを表現するとともに、蹴鞠をして

いる人物のふだんの人柄についても表現しています。

記述式 **問一** ——線部①「花の上にしばしとまり」とは、どういうことか。主語を補って、二十字以内で書きなさい。（20点）

記述式 **問二** ——線部②「春の心はのどかなれども」について、これは誰のどのようなふだんの人柄を表現しているか。**A**と**B**の文章を踏まえて、十五字以内で書きなさい。（20点）

〔新潟〕

2 次の古文を読んで、あとの問いに答えなさい。（10点）

あるじ（主人）のいはく、これより出羽《では》の国に、大山を隔てて、道さだかならざれば、道しるべの人を頼みて越ゆべきよし（こと）を申す。さらばと（それでは）言ひて、人を頼みはべれば、究竟《くつきやう》（頼もしげな）の若者、反脇指《そりわきざし》（刀身が反り返った刀を腰に差し）をよこたへ、樫《かし》（樫の木）のつゑをたづさへて、われわれが先に立ちて行く。けふこそ必ずあやふきめにもあふべき日なれと、辛《から》き思ひをなして、うしろについて行く。あるじの言ふにたがはず、高山森々《かうざんしんしん》として一鳥声聞かず。木《こ》の下闇《したやみ》茂りあひて、夜行くがごとし。雲端《うんたん》につちふる心地《ここち》して（雲の端から砂嵐が吹き下ろすような心地）、篠《しの》のなか（篠竹の群生のなかを）踏みわけ踏みわけ、水をわたり、岩につまづいて、肌《はだへ》につめたき汗を流して、最上《もがみ》の庄《しやう》に出《い》づ（最上（今の山形県尾花沢市）の一帯に出た）。かの案内せし男《をのこ》の言ふやう、この道必ず不用《ぶよう》（不都合なこと）のことあり。つつがなう（無事に）送りまゐらせて、仕合《しあはせ》したり（幸せであった）と、よろこびて別れぬ。あとに聞きてさへ、胸とどろく（胸がどきどきするばかりである）のみなり。

（松尾芭蕉《まつおばしょう》「おくのほそ道《みち》」）

重要 **問** ——線部「辛き思ひをなして」とあるが、その時の気持ちとして最も適当なものを、次の中から選び、記号で答えなさい。

ア 楽しみにしていた山越えにわくわくしながら
イ 危険な目にあうのではないかとびくびくしながら
ウ まわりの様子が分からなくてとまどいながら
エ あまりにも辛いのでびっくりしながら

〔長野〕

17 漢文のきまり

【　月　日】

例題 次の漢文を読んで、あとの問いに答えなさい。

宋《そう》人《ひと》ニ有リ二耕スレ田ヲ者一。田《でん》中《ちゅう》ニ有リレ株《くひぜ》。
兎《うさぎ》走リテ触レレ株ニ、折リテレ頸《くび》ヲ而死ス。因《よ》リテ釈《す》テテ二
其《そ》ノ耒《すき》ヲ一而守リレ株ヲ、冀《こひねが》フ二復《ま》タ得《え》ンコトヲレ兎ヲ一。兎
不《ず》シテレ可《べ》カラ二復タ得《う》一、而身為《な》ル二宋《そう》国《こく》ノ笑ヒト一。

（「韓非子《かんぴし》」）

問 ――線部「有リレ株」を書き下し文にしなさい。

別冊解答 25ページ

ポイント解説

★漢文の基礎知識

・**白文**…漢字だけで書かれた文章。
・**訓読文**…白文に返り点、送りがな（カタカナで表記）をつけた文章。
　返り点と送りがなを合わせて「訓点」という。

〈返り点のきまり〉
○**レ点**…一字だけ上に返る場合につける。
○**一・二点**…二字以上、上に返る場合につける。
○**上・中・下点**…一・二点をつけても、さらに必要な場合につける。

・**書き下し文**…訓読したものを、漢字・仮名交じりで書いた文章。送りがなは、ひらがなにする。

上の例題では、「有」の左下にレ点がついていること、同じく右下に「リ」という送りがながあることに注意して書き下し文にする。

［書き下し文］
宋人に田を耕す者有り。田中に［　］。兎走りて株に触れ、頸を折りて死す。因りて其の耒を釈てて株を守り、復た兎を得んことを冀ふ。兎復た得べからずして、身宋国の笑ひと為る。

Step 1 基本問題

別冊解答25ページ

1 次の漢文を読んで、あとの問いに答えなさい。

*蚌《ばう》方《まさ》ニ出《い》デテ曝《さら》ス。而《しかう》シテ*鷸《いつ》啄《ついば》ム二其《そ》ノ肉ヲ一。蚌合《がつ》シテ而箝《はさ》ム二其ノ喙《くちばし》ヲ一。鷸曰《い》ハク、「今日不《ず》レ雨フラ、明日不ンバレ雨フラ、即《すなは》チ有ラント二死《し》蚌《ばう》一。」蚌モ亦《また》謂《い》ヒテレ鷸ニ曰ハク、「今日不レ出デ、明日不ンバレ出デ、即チ有ラント二死《し》鷸《いつ》一。」両者不レ肯《がへん》ゼ二相《あひ》舎《す》ツルヲ一。漁《ぎよ》者《しや》得テ而并《あは》セテ擒《とりこ》ニスレ之《こ》レヲ。

（「戦国策《せんごくさく》」）

＊蚌＝泥の中にすむ二枚貝。　＊鷸＝鳥の一種。

問 ——線部「即チ有ラント二死蚌一」を書き下し文にしなさい。

2 次の漢文を読んで、あとの問いに答えなさい。

杞《き》国《こく》ニ有リ下人ノ憂《うれ》ヘテ二天地*崩《ほう》墜《つゐ》シテ身亡《な》キヲレ所レ寄ル、廃スル二寝食ヲ一者上。又有リ下憂フル二彼之《の》所アルヲレ憂フル者上。因《よ》リテ往《ゆ》キテ暁《さと》シテレ之《こ》レニ曰《い》ハク、「天ハ*積《せき》気《き》耳《のみ》。亡シ二処《ところ》トシテ亡キハレ気。若《ごと》キ二屈伸呼吸ノ一、終日在リテ二*天中ニ一*行《かう》止《し》スルナリ。奈《い》何《か》ンゾ憂ヘン二崩墜ヲ一乎《や》ト。」

（「列子《れっし》」）

＊崩墜＝崩れ墜ちる。
＊積気＝大気が集まったもの。
＊天中＝天の中。　＊行止＝行動。

よくでる 問 ——線部「亡シ二処トシテ亡キハレ気」を書き下し文にしなさい。

Step 2 標準問題 【 月 日】

別冊解答 26ページ

1 次の漢文を読んで、あとの問いに答えなさい。

道は邇《ちか》しといへども、行かざれば至らず、事は小なりといへども、為《な》さざれば成らず。[ ]、その出入《しゅつにふ》遠からず。

（邇し＝近い　その出入遠からず＝大した結果は得られない）

文章のもとになった漢文

道《ハ》雖《いへどモ》レ邇《ちかシト》、不《ざレバ》レ行《カ》不《ず》レ至《ラ》、事《ハ》雖《モ》レ小《ナリト》、不《ざレバ》レ為《なサ》不《ず》レ成《ラ》。其《そノ》*為《なリ》レ人《ト》也《や》、*多《おほキ》二暇《か》日《じつ》一者《ハ》、其《そノ》出《しゅつ》入《にふ》不《ず》レ遠《とほカラ》矣。

（「荀子《じゅんし》」）

＊為人＝性格。　＊多暇日者＝怠け癖のついている人。

問 文章の[ ]には、「其《ノ》為《リ》レ人《ト》也、多《キ》二暇日《ハ》一者」を漢字仮名交じりの文にしたものが入る。その文として最も適当なものを、次の中から選び、記号で答えなさい。

ア そのや人と為り、日多き暇者は
イ そのや人と為り、暇者は日多き
ウ その人と為りや、日多き暇者は
エ その人と為りや、暇者は日多き
オ その人と為りや、暇日多き者は

[ ]

〔福島〕

2 次の漢文は、海辺に住む男について述べた話である。これを読んで、あとの問いに答えなさい。

*毎旦之《ゆキ》二海上《ニ》一、従《ツテ》二*漚《おう》鳥《てうニ》一游《あそブ》。漚鳥之《の》至《ル》者、百《ひやく》*住《すうニシテ》而不《ず》レ止《やマ》。其《そノ》父曰《いハク》、吾《われ》聞《ク》、漚鳥皆従《ツテ》レ*汝《なんぢニ》游《ブト》。汝取《リ》来《きたレ》。吾*玩《もてあそバント》レ之《これヲ》。明日之《クニ》二海上《ニ》一、漚鳥舞《ヒテ》而不《ざル》レ下《ラ》也《なり》。

（「列子《れっし》」）

【書き下し文】
毎旦海上に之き、漚鳥に従つて游ぶ。漚鳥の至る者、百住にして止まず。其の父曰はく、「吾聞く、漚鳥皆汝に従つて游ぶと。汝取り来れ。吾之を玩ばん。」と。明日海上に之くに、漚鳥舞ひて下らざるなり。

＊毎旦＝毎朝。　＊漚鳥＝カモメ。

＊住＝「数」と同じ意味。　＊汝＝お前。
＊玩＝自分のものとし、思いのままに扱う。

問　――線部「従ツテ漚鳥ニ游ブ」に、書き下し文の読み方になるように返り点をつけなさい。

従ツテ漚鳥ニ游ブ

〔群馬〕

3　次の書き下し文を読んで、あとの問いに答えなさい。

鄭人《ていひと》に且《まさ》に履《くつ》を置《か》はむとする者有り。先《ま》づ自《みづか》ら其《そ》の足を度《はか》りて、之《これ》を其の坐《ざ》に置《お》き、市《し》に之《ゆ》くに至りて、之《これ》を操《と》るを忘る。已《すで》に履を得て乃《すなは》ち曰《いは》く、「吾《われ》度《ど》を持つことを忘る。」と。反《かへ》り帰りて之《これ》を取る。反るに及びて市罷《や》む、遂《つひ》に履を得ず。人曰く、「何《なん》ぞ之《これ》を試みるに足を以《もつ》てせざる。」と。曰く、「寧《むし》ろ度《ど》を信ずるも、自ら信ずる無し。」と。

鄭の国の人で履を買いに行こうとする者
足の大きさを計り
座席に
持って
市に出かける際には
行くのを忘れた。そして履屋を見つけて
寸法書きを
家に帰って
戻ってみれば市はもう終わり
履を
買いそこねた
どうして足でじかに計ってみなかったのかね
寸法書きのほうがずっと信用できる、自分のからだよりも

（「韓非子《かんぴし》」）

問　――線部「何ぞ之を試みるに足を以てせざる」は、「何不試之以足」を書き下し文に改めたものである。返り点をつけなさい。

何不試之以足

〔長野〕

4　次の書き下し文と漢文を読んで、あとの問いに答えなさい。

［書き下し文］
疑心の勝る者は、弓影を見て杯中の蛇に驚き、人の言を聴きて市上の虎を信ず。

市上＝市街

［漢文］
疑心ノ勝ル者ハ、見テ弓影ヲ而驚キ二杯中之蛇ニ一、聴キテ二人ノ言ヲ一而信ズ二市上之虎ヲ一。

（洪自誠《こうじせい》「菜根譚《さいこんたん》」）

問　書き下し文の読み方になるように、――線部「見テ弓影ヲ」に返り点をつけなさい。

見テ弓影ヲ

〔兵庫〕

第1章　第2章　第3章　総仕上げテスト

18 漢詩のきまり

【　月　日】

例題 次の漢詩を読んで、あとの問いに答えなさい。

黄《くわう》鶴《かく》楼《ろう》ニテ送ル三孟《もう》浩《かう》然《ねん》ノ之《ゆ》クヲ二広《こう》陵《りよう》ニ一

李《り》白《はく》

故人西ノカタ辞シ二黄鶴楼ヲ一
煙《えん》花《か》三月下ル二揚《やう》州《しゆう》ニ一
孤《こ》帆《はん》ノ遠影碧《へき》空《くう》ニ尽キ
惟《た》ダ見ル長《ちやう》江《かう》ノ天際ニ流ルルヲ

（「唐《とう》詩《し》選《せん》」）

問 この漢詩の形式を次の中から選び、記号で答えなさい。

ア 五言絶句
イ 五言律詩
ウ 七言絶句
エ 七言律詩

別冊解答 27ページ

ポイント解説

★漢詩の種類ときまり

絶句…四句（行）
○五言絶句…一句（行）が五言（字）
○七言絶句…一句（行）が七言（字）

律詩…八句（行）
○五言律詩…一句（行）が五言（字）
○七言律詩…一句（行）が七言（字）

★押韻のきまり

押韻とは、同じ響きをもつ語の字を句末に用いること。五言詩は偶数句末、七言詩は第一句末と偶数句末に韻を踏む。ただし、例外もある。

★対句のきまり

律詩では、第三句と第四句、第五句と第六句をそれぞれ対句にしなければならない。ただし、例外もある。

［書き下し文］

黄鶴楼にて孟浩然の広陵に之くを送る

李白

故人西のかた黄鶴楼を辞し
煙花三月揚州に下る
孤帆の遠影碧空に尽き
惟だ見る長江の天際に流るるを

Step 1 基本問題

別冊解答 27ページ

1 次の漢詩を読んで、あとの問いに答えなさい。

春望　　杜《と》甫《ほ》

国破レテ山河在リ
城春ニシテ草木深シ
感ジテハレ時ニ花ニモ濺《そそ》ギレ涙ヲ
恨ミテハレ別レヲ鳥ニモ驚カスレ心ヲ
烽《ほう》火《か》連ナリ二三《さん》月《げつ》ニ一
家書抵《あた》ル二万《ばん》金《きん》ニ一
白頭掻《か》ケバ更ニ短ク
渾《すべ》テ欲《ほつ》スレ不《ざ》ランレ勝《た》ヘ簪《しん》ニ

（「杜《と》工《こう》部《ぶ》集《しゅう》」）

よくでる問 ——線部「城春ニシテ草木深」と、意味・構造の上で対になっている言葉を抜き出して書きなさい。ただし、送りがなや返り点はなくてよい。

□

2 次の漢詩を読んで、あとの問いに答えなさい。

江南ノ春　　杜《と》牧《ぼく》

千里鶯《うぐいす》啼《な》イテ緑映ズレ紅《くれなゐ》ニ
水村山郭《かく》酒《しゅ》旗《き》ノ風
南朝四《し》百《ひゃく》八《はっ》十《しん》寺《じ》
多*少ノ楼《ろう》台《だい》煙雨ノ中《うち》

（「三《さん》体《たい》詩《し》」）

＊多少＝多くの。

よくでる問 この漢詩の形式を次の中から選び、記号で答えなさい。

ア 五言絶句
イ 五言律詩
ウ 七言絶句
エ 七言律詩

□

別冊解答 28ページ

【　月　日】

1 次の漢詩と書き下し文を読んで、あとの問いに答えなさい。

秋《しう》風《ふうノ》引《いん》　劉《りう》禹《う》錫《しやく》

何処《いづレノところヨリカ》秋風至ル
蕭《せう》蕭《せうトシテ》送ル二雁《がん》群《ぐん》ヲ一
朝《てう》来《らい》入リ二庭樹ニ一
孤《こ》客《かく》最モ先ニ聞ク

[書き下し文]
何れの処よりか秋風至る
蕭蕭として雁群を送る
朝来庭樹に入り
孤客最も先に聞く

問　漢詩の形式を漢字四字で書きなさい。

〔秋田〕

---

2 次の文章は、「月に乗じて舟を浮かぶ」という題の漢詩とその書き下し文である。これを読んで、あとの問いに答えなさい。

浮カブレ月ニ僧船繞ル葦芦ヲ
僕呼ビテ二潮ノ退クヲ一促スレ帰ラムコトヲレ盧ニ
村民誤ツテ認ム釣舟ノ至ルカト
争ツテ就キテ二沙頭ニ一索ムレ買ハムコトヲレ魚ヲ

[書き下し文]
月に浮かぶ僧船*、葦芦《いろ》*を繞《めぐ》る
巡る
僕《しもべ》*、潮の退くを呼びて、盧《ろ》*に帰らむことを促す
引き潮になることを伝えて
村民誤つて認む、釣舟の至るかと
争つて沙頭《さとう》に就きて、魚を買はむことを索《もと》む
砂浜にやってきて

（虎関師錬《こかんしれん》「済北集《さいほくしゅう》」一部改変）

＊僧船＝ここでは、僧である作者が乗っている船のこと。
＊葦芦＝各地の水辺に自生するイネ科の多年草のこと。
＊僕＝ここでは僧に仕える少年のこと。
＊盧＝草庵《そうあん》。

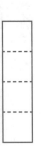

問 ——線部「繞葦芦」に、書き下し文を参考にして返り点をつけなさい。

繞　葦　芦

〔石川〕

3 次の漢詩と書き下し文を読んで、あとの問いに答えなさい。

夏夜追フレ涼ヲ　楊万里《やうばんり》

夜熱依然トシテ午熱ニ同ジ
[A]レ[B][C][D]月明ノ中《うち》
竹深ク樹ハ密ニシテ虫鳴ク処《ところ》
時ニ有ルモ二微涼一不《ず》二是《こ》レ風ナラ一

【書き下し文】

夏夜涼を追ふ　楊万里

夜熱依然として午熱に同じ
門を開きて小《しば》らく立つ月明の中
竹深く樹は密にして虫鳴く処
時に微涼有るも是れ風ならず

（「誠斎集《せいさいしゅう》」）

問 【書き下し文】を参考にして漢詩中の[A]～[D]に漢字をあてはめるとき、[A]に入る漢字一字を答えなさい。

〔宮城〕

4 次の漢詩と書き下し文を読んで、あとの問いに答えなさい。

梅《ばい》花《か》　王安石《おうあんせき》

墻《しょう》角数枝《し》ノ梅
凌《しの》ギテレ寒ヲ独リ自ラ開ク
遥カニ知ル不《ず》トニ是《こ》レ雪ナラ一
為《ため》ナリレ有ルガ二暗香《こう》ノ来タル一

【書き下し文】

墻角数枝の梅
寒を凌ぎて独り自ら開く
遥かに知る[　]と
暗香の来たる有るが為なり

（「王安石集《おうあんせきしゅう》」）

問 ——線部「不《ず》ト二是レ雪ナラ一」について、すべてひらがなで書き下し文にしなさい。

〔福井〕

Step 3 実力問題

別冊解答 28ページ

時間 50分　合格点 35点　得点　　点　【　月　日】

1 次の漢文を読んで、あとの問いに答えなさい。（20点）

嘉肴《かこう》有りと雖《いへど》も（おいしい料理があっても）、食《くら》はざれば（食べなければ）其《そ》の旨《うま》きを知らざるなり。*至道《しだう》有りと雖も、学ばざれば其の善きを□なり。是《こ》の故《ゆゑ》に、学びて然《しか》る後《のち》に（その後に）①足らざるを知り（十分でないことを理解し）、教へて然る後に困《くる》しむを知る（（教えることの）難しさを知る）。足らざるを知りて、然る後に能《よ》く自ら反《かへりみ》るなり（自分自身で反省することができる）。困しむを知りて、然る後に能く自ら強むるなり（自分自身で学ぶ努力をすることができる）。故に曰《いは》く、②教学相長《あひ》ずるなりと。

（『礼記《らいき》』）

*至道＝非常に優れた知識や法則のこと。

問一 ——線部①「足らざるを知り」は、「知不足」を書き下し文に改めたものである。書き下し文を参考にして、「知不足」に返り点をつけなさい。（5点）

知《リ》 不《ルヲ》 足《ラ》

問二 □に入る適当な表現を、書き下し文の中から抜き出して書きなさい。（5点）

問三 ——線部②「教学相長ずるなり」の解釈として最も適当なものを、次の中から選び、記号で答えなさい。（10点）

ア 教えることよりも学ぶことを優先すれば、自分の未熟さがよく理解できる。
イ 教えることを突き詰めると、学ぶことは必要なくなり、成長を実感できる。
ウ 教えることは学ぶことを助け、学ぶことは教えることを助けるものである。
エ 教えることと学ぶことを切り離さなければ、知識は得られないものである。

〔山口〕

2 次の漢文を読んで、あとの問いに答えなさい。（15点）

*孔子《こうし》*東游《とういう》す。①*両小児の*弁闘するを見て、その故を問ふ②。一児曰《いは》く、「我は*以《おも》へらく、日の初めて出《い》づる時は人を去ること近く、*而《しか》して日の*中《ちゆう》する時は遠しと。一児は以へらく、日の初めて出づるときは遠く、而して日の中する時は近しと。」と。一児曰く、「日の初めて出づるときは大なること*車蓋《しやがい》のごとく、日の中するに及びては則《すなは》ち*盤盂《ばんう》のごとし。これ遠き者は小にして近き者は大なるが為《ため》ならずや。」と。一児曰く、「日の初めて出づるときは*滄滄《さうさう》涼涼たるも、そ

の日の中するに及びては湯を探るがごとし。これ近き者は熱くして遠き者は涼しきが為ならずや。」と。孔子、決すること*能《あた》はざりき。

（「列子《れっし》」一部改変）

*孔子＝古代の賢人。　*東游＝東の方に出かけた。
*両小児＝二人の子ども。　*弁闘する＝言い争う。
*以へらく＝思うことには。　*而して＝そして。
*日の中する時＝太陽の高度が一番高くなる時。
*車蓋＝車のかさやおおい。　*盤盂＝おわんや鉢。
*滄滄涼涼＝ひんやりとして涼しい。　*能はざりき＝できなかった。

よくでる **問一** ——線部①「両小児の弁闘するを見て」という書き下し文の読み方になるように返り点をつけなさい。（5点）

見テ両小児ノ弁闘スルヲ

問二 ——線部②「問ふ」とあるが、その主語を本文中からそのまま抜き出して書きなさい。（10点）

〔福岡〕

3 次の漢詩と書き下し文を読んで、あとの問いに答えなさい。（15点）

王昌齢《おうしょうれい》が竜標《りゅうひょう》の尉《ゐ》に左遷せらると聞き、遥《はる》かに此《こ》の寄《き》有り
友人の王昌齢が、竜標の尉として左遷されたと聞いて、はるかに思いを寄せて送った詩

李《り》白《はく》

楊《よう》花落チ尽クシテ子規《ほととぎす》啼《な》ク
楊花落ち尽くして　子規啼く
梅の花　ほととぎすが鳴いている

聞《きく》道《な》ラク竜標過五渓
聞道らく　竜標　五渓を過ぐと
聞けば、竜標への旅路は、五渓を過ぎたという

我寄セテ二愁心ヲ一与《あた》フ二明月ニ一
我　愁心を寄せて　明月に与ふ
明月にあずけよう

随《したが》ッテレ風ニ直《ただ》チニ到《いた》レ夜郎ノ西
風に随って　直ちに到れ　夜郎の西
どうか風に乗って、まっすぐに、君のいる夜郎の西まで届いておくれ

（「唐詩選《とうしせん》」）

よくでる **問一** 漢詩の形式は何か。最も適当なものを、次の中から選び、記号で答えなさい。（10点）

ア 五言絶句　イ 五言律詩
ウ 七言絶句　エ 七言律詩

よくでる **問二** ——線「過五渓」について、書き下し文の読み方になるように返り点をつけなさい。送り仮名はつけなくてよい。（5点）

過五渓

〔宮崎〕

高校入試

総仕上げテスト

別冊解答30ページ

時間 50分　合格点 80点　得点　　点

【　月　日】

1 次の古文を読んで、あとの問いに答えなさい。（40点）

ある*在家人《ざいけにん》、山寺の僧を信じて、*世間・出世深くたのみて《心から頼りにして、》、病む事もあれば《病気になると》①薬までも問ひけり《薬についても尋ねた。》。この僧、医骨も無かりければ《医学の心得もなかったので》、万の《すべての》病に、「*藤のこぶを*煎《せん》じて召せ《お飲みなさい》」とぞ教へける《と教えた》。これを信じて用ゐるに《その通りにすると》、万の病癒《い》えざる無し《治らないことがなかった》。

ある時、馬を失ひて《馬がいなくなって》、「いかがつかまつるべき《どうしたらよいでしょう。》」と云へば《と言うと》、例の《いつものように》「藤のこぶを煎じて召せ」と云ふ。心得がたけれども《納得がいかないものの》、②やうぞあるらん《わけがあるのだろう》と信じて、あまりに取り尽くして近々には《近い所には》無かりければ《無かったので》、③山の麓《ふもと》を尋ねける程に《探し回っていたところ》、谷のほとりにて、失せたる馬を見付けてけり。これも信の致す所なり《結果である》。

（無住《むじゅう》「沙石集《しゃせきしゅう》」）

＊在家人＝僧にならず一般の生活を営みながら、仏教を信仰している人。
＊世間・出世＝日常生活に関わること・仏教に関わること。
＊藤のこぶ＝藤の木の幹にできるこぶのようなもの。薬として用いられる。
＊煎じて＝薬などの成分を煮出して。

問一　――線部①「薬までも問ひけり」の主語を文中から抜き出して書きなさい。（10点）

問二　――線部②「やうぞあるらん」を現代かなづかいに直し、すべてひらがなで書きなさい。（10点）

記述式 問三　――線部③「山の麓を尋ねける程に」について、在家人が山の麓まで探しに行かなければならなかったのはなぜか。二十五字以内で書きなさい。（10点）

重要 問四　この話の趣旨として最も適当なものを、次の中から選び、記号で答えなさい。（10点）

ア　知識を集めれば、どのような問題も解決できるということ。

イ 地道な努力を続ければ、知識や知恵など不要だということ。

ウ ひたすらに仏を信じて教えに従えば、報われるということ。

エ 周りの人を思いやる心を持てば、幸せになれるということ。

［　　］〔長崎〕

2 次のA・Bの文章を読んで、あとの問いに答えなさい。なお、Bは「一緒に軍隊を指揮するとしたらどのような人がよいか」と弟子に質問されたときの孔子《こうし》の言葉である。（60点）

A もろこし人（中国の人）の物語に、ある人友だち語らひて、山のふもとを通りしに、この山に虎ありて人を食らふ。この虎を殺したる者あらば、十万貫をたまふべし（十万貫のお金を与えよう）と①高札（通りなどに立て、人々に知らせる告知板）立ちたるを見て、おほひによろこび、腕まくりなどし、そのまま駆け上がらん（駆け上がろうとする）とするを、かたへの人引きとどめ（そばの人がひきとめ）、「命は惜しからずや（惜しくないのか）。」と言へば、「宝だに持ちたらば、命は何か惜しからん（財宝さえ持てば、どうして命が惜しいだろうか、いや惜しくない）。」と答へしと語りき。②おろかなる人のこころざし（考え）、まことにをかしき（おかしい）ことなれど、宝集めする者の、人の恨みそしり（非難）をもかへりみず、さかりて入《い》れば、またさかりて出《い》づること（間違った手段で財宝を手にいれると）、いかほども（どれだけでも）出《い》でき、遂《つひ》には（結局は）その身も危ふくなり、家も滅ぶるに至れる、何かこの物語に異ならん（どうしてこの話と違っているだろうか、いや同じである）。

（雨森芳洲《あめのもりほうしゅう》「たはれ草《ぐさ》」）

B ［訓読文］

子曰《ハク》、「暴虎馮《ひょう》河《がシ》、③死《シテ》而無《キ》レ悔《ユル》者《ハ》、吾《われ》不《ざル》レ与《ともニセ》也《なり》。必《ズ》也《や》臨《のぞミテ》レ事《ニ》而懼《おそレ》、好《ミテ》レ謀《はかりごとヲ》而成《サン》者也《ト》。」

［書き下し文］

子曰はく、「暴虎馮河し、

［ a ］

吾与にせざるなり。必ずや事に臨みて懼れ、謀を好みて成さん者なり。」と。

【現代語訳】

先生がおっしゃるには、「虎に素手《すで》で立ち向かったり黄河《こうが》を歩いて渡ったりするような、（無謀な行為をして）死んでも後悔しない者とは私は一緒に行動しない。（私が一緒に軍隊を指揮するなら）必ず何かに直面した時にはおそれて（いるように慎重で）、十分に計画を練って［b］者である。」と。

（「論語《ろんご》」）

問一 〰〰線部「おほひによろこび」を現代かなづかいに直し、すべてひらがなで書きなさい。（10点）

問二 ――線部①「高札」について、高札に書かれていた部分を文中から探し、最初と最後の四字を抜き出して書きなさい。（10点）

［　　　　］～［　　　　］

記述式 問三 ――線部②「おろかなる人のこころざし」は、どのような考えか。二十字以内で書きなさい。（10点）

問四 ――線部③「死而無悔者」について、［a］に入るように、書き下し文に直して書きなさい。（10点）

重要 問五 ［b］に入る適当な言葉を次の中から選び、記号で答えなさい。（10点）

ア 自分を成長させる
イ 目的を達成する
ウ 意見に賛成する
エ 契約を成立させる

記述式 問六 A・Bの文章はともに、よく考えずに行動することを批判している。よく考えずに行動することはなぜ問題なのか。Aの文中からその理由になる箇所を探し、解答欄の「よく考えずに行動すると、」に続くように、二十五字以内で書きなさい。（10点）

よく考えずに行動すると、

〔福井〕

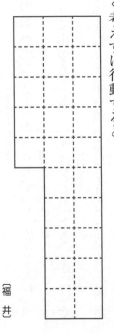

解答編

中学 標準問題集／古文・漢文

第1章 古典文法

1 歴史的かなづかい

Step1 解答　2ページ

①あわれ　②におい　③おとこ
④あじ　⑤かんねん　⑥はずれ
⑦おうぎ　⑧きょう　⑨きゅう
⑩いなか

解説
⑤「くわ」は「か」になる。
⑧「けふ」は、「エ段＋ふ」なので、「イ段＋ょ＋う」に変化し、「きょう」となる。

Step2 解答　3ページ

1 イ
2 ①ア なん　イ いい
②ウ よろず　エ おわり
オ おかしけれ
3 おおかた

解説
1 イ「おほいどの」は現代かなづかいに直すと、「おおいどの」になる。
2 イ「いひ」は、「言ひ」と漢字で書かれる場合も多い。その場合も「言い」となる。

現代語訳
2 ①名前を、さぬきのみやつこといった。
②すべて何事においても、始めと終わりが特別におもしろい。
3 いったい、漢詩を作って、和歌を詠み、書を書く人々は、書き留めておけば、末の世まで朽ちることはない。声をつかう芸能の悲しいことは、うたう人自身が亡《な》くなってしまった後は、残ることがないことである。だから、亡くなったあとに人々に見てほしいと思って、いまだ世の中にない今様の書物を作りおいているところである。

重要語句
2 ②をかし…趣がある。おもしろい。
3 今様…平安時代末期から鎌倉時代にかけて流行した歌謡。

2 古文特有の言葉

Step1 解答　4ページ

①イ
②エ
③ア
④ウ

解説
①「やうやう」はゆっくりと物事が進む様子を表す。
②「いと」はあとにくる言葉を強調する。
③「ゐる」には「ある場所に存在する」という意味もあるが、ここでは「立つ」との対応から「座る」と判断できる。
④現代語の意味との違いに注意すること。

現代語訳
①春は明け方（がよい）。次第に白くなっていく山際《やまぎわ》が少し明るくなって、紫がかった雲が細くたなびいている（のがよい）。
②非常に感慨深いこともございました。
③皇子は、立っているのも体裁が悪く、座っているのも気まずいという様子で、座っていらっしゃる。
④かわいらしいもの　（それは）　瓜にかいた幼児の顔（だ）。

重要語句
④ちご…幼児。子ども。

Step2 解答　5ページ

1 エ

←ひっぱると、はずして使えます。

2 ①エ ②イ

3 エ

解説

1 イの「あさまし」は、「善悪に関係なく意外なことに驚きあきれる」という意味。

2 ②の善い・悪いを評価する言葉は、悪い方から順に、「悪《あ》し」「わろし」「よろし（＝悪くない）」「よし」となる。

現代語訳

1 まして雁などの列になって飛んでいるのが、とても小さく見えるのは非常に趣がある。

2 ①夏は夜（がよい）。月のころは言うまでもなく、月のない暗い夜もやはり、蛍がたくさん飛び交っている（のがよい）。

②友人とするのによくない者は、七つある。

3 人の心には、もともと善悪はない。善悪は縁（周囲の状況）に応じて起きる。例えば、人が仏道修行をする心を起こして、山林に入るときには、山林の中の家は善い、世間一般の人の家は悪いと思っている。また修行する心が鈍って、山林を出るときは、山林の家は悪いと言う。これは、いいかえれば、必ず、心に一定不変の状態がないから、縁に応じてどのようにもなるものである。だから、善い縁にあえば心は善くなり、悪い縁に近づくと心は悪くなるのである。自分の心は、もともと悪いと思ってはならない。ただ善い縁に応じるようにすべきである。

3 古文の特徴

Step1 解答 6ページ

①エ ②ア ③イ

解説

① 主語を示す「の」。

③「食ひけり」の目的語を示している。

現代語訳

①にくたらしいもの　急ぐことがあるときに来て、長話する客。

②遥かに続く苔むした細道を踏み分けて、寂しげに住み着いている庵がある。

③その沢のそばの木陰に馬からおりて座って、乾飯を食べたのだった。

Step2 解答 7ページ

1 を

2 乾飯

3 ア

解説

1 どちらも目的語を示している。

2 主語を示す「が」に着目する。

3 ①は裘を献上した人物、②は裘を焼き捨てるよう命令した人物が主語。

現代語訳

1 火などを急いでおこして、炭を持って廊下を渡るのも（冬の朝に）とてもふさわしい。

3 毛皮の服を焼いて倹約を示す

晋の武帝が、新たに帝位におつきになったとき、司馬の職にある程拠と申す者が、雉の頭の毛で毛皮の服を作り、武帝にこれを献上する。その毛皮の服の華やかであることは、たとえようがなかった。武帝はこのことをご覧になって、心にお思いになったのは、もし自分がこの毛皮の服を着たら、下々のすべての人まで、皆これをまねをして、きっと派手を好むだろう。それではこの毛皮の服は何になろうか、何にもならないとお思いになり、すぐにご命令になって、御殿の前で火で焼き捨てなさった。これは派手を好まず、衣装を飾らないことを、人民に示すためとかいうことだ。

重要語句

3 ～とかや＝～とかいうことだ。

4 係り結びの法則

Step1 解答 8ページ

① こそ
② なむ
③ ぞ
④ なむ

解説

①「あらまほしけれ」は已然形。

現代語訳

①人間に生まれたしるしとしては、何としてでも出家するのが望ましい。
②親が結婚させようとしたが、聞き入れないでいた。
③あらゆる音楽を演奏した。
④その竹の中に、根本が光る竹が一本あった。

Step2 解答 9ページ

1 か—近き
なむ—はべる
2 エ
3 ウ

解説

1 係り結びがなければ「近し」「はべり」になる。
3 前に「ぞ」があるので、連体形で結ぶ。

現代語訳

1 （帝は）大臣や上達部をお呼びになって、「どの山が天に近いか」とお尋ねになるので、ある人が申し上げる、「駿河の国にあるという山が、この都も近く、天も近うございます」と申し上げる。
2 すっと過ぎて外れてしまうのが、とてもくやしい。
3 私の友人の魚淵という人のところに、比べるものがない（ほどすばらしい）牡丹が咲いたと語り伝え、聞き伝えて、近所はもちろんのこと、よその国の人も、足を運んでわざわざ見に来る人が、毎日多かった。自分も今日通りがけに立ち寄りましたが、五間ほどに花園を造り、雨よけの蔀など現代風な感じできりりとして、白、紅、紫と、花の様子は隙間なく咲きそろっていた。その中で、黒と黄色のは、うわさ通り、目が覚めるほど珍しく不思議なものであるが、心を落ち着けて再度花の様子を思うと、ばさばさとして何となくみすぼらしく、ほかの花と比較をすると、今真っ盛りの若々しく美しい乙女のそばに、命のない死体を飾り立てて、並べて置いたようで、まったく色つやがない。これは主人の冗談で、紙で作って、葉の陰にくくりつけて、人をだましたのである。

重要語句

3 たぐひなし＝比べるものがない。

Step3 解答 10ページ

1 問一 ほしいままに
問二 つねに足る事を知るべし
2 候いぬべし
3 イ
4 問一 エ
問二 エ

解説

1 問一 「ゐ」を「い」にする。
問二 最後の二文で言いたいことが述べられているが、「欲をほしゐままにすべからず」はしてはいけないこと、「つねに足る事を知るべし」はするべきことである。
2 ハ行の「ひ」はワ行の「い」に直す。漢字部分は、歴史的かなづかいでは「さふら」と表記されるので、全体をひらがなで現代かなづかいに直す場合は、「そうらいぬべし」となる。
3 問一 ①は、盃を買って帰った人物。②は、代金を返す人物。

4
問一「つれづれなる」は、何もすることがなく退屈な様子を表す。「折」は現代語と同じ「～のとき、～の際」という意味を表す。
問二「その折」は「そのとき」、「心地」は「気持ち」だから、昔の人に手紙をもらったときの気持ちという意味である。

現代語訳

1 老子がおっしゃるには、「欲が多ければ身を悪くし、財宝が多ければ身を苦しめ悩ませる」と言った。悩ませるというのは、（財宝を守る）用心のために余裕がない心である。実際十分に満足することを知らない者は、欲が深いからなので、これは災難にあう原因となる。財宝はまた身を壊す原因である。このためにその欲のままに振る舞ってはいけない。常に満足することを知るべきである。

2 亡くなった鎌倉の右大将家の治世に、武蔵の国の江戸氏の土地を、事情あって召し取って、葛西にお与えになったところ、葛西兵衛が申し上げたことは、「ご恩をこうむりますのは、関係が深い人たちの面倒を見るためです。自分の身一つはどうやってもいられるでしょう。江戸氏は以前から親しいのです。（江戸氏に）過ちがありましたらば他の人に与えてください」と申し上げたので、「どうしていただかないことがあろうか、いやありえない。もしいただかないなら、お前の土地も召し取ろう」とお叱りになったが、「おしかりを受けるようなことは、運のつきでありましょう。しかたがありません。そうかといって、いただくべきでない土地を、どうしていただけましょうか、いただけません」と申し上げたので、（右大将家も）そうはいうもののやはり江戸氏の土地を取り上げなさらなかった。

3 （源八は）市の店に行って盃を買おうと、その大きさが望ましいものを選んで、「瑕はないか」と尋ねる。市の人は「ない」と答えたので、そのまま代金を出して盃を懐に入れて帰ったのだが、妻は念入りに見て、盃の裏の底部に瑕があるのを見つけ、「このように」と言うので、源八はまた（盃を）懐に入れてあの場所に行き、盃を返して「どうして私をだますのか」と言う。市の人は、過失を謝罪して、「代金を返そう」と言うとき、源八は、「私はだまされたくない、だから盃を返すのだ。代金を惜しんでいるのではない。あなたは代金が欲しいから私をだましたのだ。今私はだまされなければ望みはかなう。あなたもまた代金を得れば望みがかなう。これは両者とも望みがかなうのだから、どうして代金を返すのを受け取れようか、いや受け取れない」と言い捨てて帰る。

4 何もすることがなく退屈なとき、昔、なじみだった人の手紙を見つけたのは、ただその（手紙をもらった）ときの気持ちがして、とてもうれしく思われる。まして亡くなっている人が書いたものなどを見るのは、とてもしみじみとして、年月が多く重なっているのに、まるでたった今筆を（墨で）濡らして書いたようなのは、本当にすばらしいことです。

重要語句

4 いみじく…たいそう。非常に。

5 助動詞①

Step1 解答

12ページ

①イ
②ウ
③ア
④ア

解説

② 御室戸斎部の秋田を呼んで、「名前をつける」ことをさせるのである。

③ この「ぬ」は「ず」の連体形。

現代語訳

①めったにないもの　舅にほめられる婿。

②名前を、御室戸斎部の秋田を呼んで、つけさせる。

③京には見られない鳥なので、誰も見知らない。

④乗って渡ろうとするが、人々は皆なんとなくさびしくて、……

Step2 解答 13ページ

1 ウ

2 ①エ ②ア

3 イ

解説

2 ①「れ」はここでは可能の意味。「ず」は打ち消しの意味。

②「む」には推量と意志の意味があるが、前につく言葉で判断できる。

3 「ず」は打ち消しの助動詞で、全体としては、善悪を判断するには及ばない→やむをえない、という意味の慣用句になる。

現代語訳

1 妻であるおばあさんにまかせて養育させる。

2 ①恋しい気持ちが堪えがたくて、湯水を飲むこともできないで、同じ気持ちで嘆かわしく思うのだった。

②これが私の求める山だろうと思って、やはり恐ろしく思われて……

3 最初の矢と二本目の矢で見事に二羽の雁を射落としたので、その場にいた客は全員大声でほめたたえ、やはり加賀藩主は優秀な臣下をお持ちだと言って、どの人も感嘆の声が絶えなかった。そのうちに客人が帰ったときに、大蔵は服装を整えて、うやうやしく次の間に控え、近しい臣下を使って長い暇を願い出たので、藩士は大変驚いて、しばらく腕組みをして黙考なさっていたが、すぐに気づくところがあったのか、大蔵を呼び入れて、「私はひどく間違っていた。今後は自重するので、どうか（加賀藩に）とどまってくれ」と謝られたので、大蔵は承知し、このようなお言葉がある以上はやむをえないと思って、そのままお仕えした。

重要語句

3 甚だ＝ひどく。たいそう。

6 助動詞②

Step1 解答 14ページ

①ア ②エ ③エ

解説

③「ぬ」は現代語の「ぬ（打ち消し）」とは意味が違う。

現代語訳

①妻戸をもう少し押し開けて、月を眺める様子である。

②鬼みたいなものが出てきて、殺そうとした。

③翁は、気分が悪く苦しいときでも、この子を見ると苦しさもなくなった。

Step2 解答 15ページ

1 イ

2 ①ウ ②エ

3 ア

解説

1 「たなびいている」状態を表す。

2 ①過去の「けり」。

3 「たり」は完了を表す。

現代語訳

1 主君をも自分をも祝いなどしている、（その）様子は趣深い。

2 ①今は昔のことだが、竹取の翁という者がいたということだ。

②震え震え書いて渡して、どう思うだろうと、心細い。

3 弟子、友人は、名残惜しみ悲しむ。聞きつけた人が、あちらこちらから、市のように集まって、「仙人になって天にのぼる人を、見よう」と言って集まったところ、この僧は、片山のそばに出っ張った岩の上に登った。「一度に空にのぼろうと思ったが、近くをまず飛び回って、様子を人々に見せて差し上げよう。」と言って、「あの岩の上から、下に生えていた松の枝におりて遊ぼう。」と思って谷から生え上っている松の上まで、四、五丈ほどあったのを、下に向かって飛ぶ。人々は、目を凝らし、感慨深い表情を浮かべていたが、どうしたのだろうか、気おくれでもしたのだろうか、事前に思っていたよりも、体が重く、力が不安定で弱くなってしまったので、飛びそこねて、谷へ落ちてしまった。

重要語句

3 はづす＝（動詞の連用形について）〜しそこなう。

7 助詞

Step1 解答 16ページ

1 ①ア ②イ ③イ

解説

① 言えないということを強調している。

③ 早く夜が明けることを願っている。

現代語訳

①おもしろいなどと、一般的な言い方で言えようか、いや言えない。

②用事があって行っても、それが終わったら、すみやかに帰るのがよい。

③早く夜が明けてほしいと思いながら座っていたが……

Step2 解答 17ページ

1 ウ

2 ①エ ②ア

3 イ

解説

2 ② 「ましてやもっと強い光などない」という意味を言葉に出さずに表している。

3 疑問の意味を表す助詞「や」である。

現代語訳

1 それでは扇のもの（骨）ではなくて、くらげのもののようですね。

2 ①わからないことを、おっしゃいますな。

②蛍ほどの光さえない。

3 いつの頃からか、勧修寺大臣家に古い屏風があったのを、物のうしろに押しやって使うこともなかったが、ある時穂波殿が侍所から、「屏風がありますか。貸してください」と言ってきたので、取り出して見ると、女が多く集まっている様子を絵に描いている。縁は破損して紙は破れてひどくなっているのを、そのまま借りて、その夜穂波殿の召使いの女は、中庭のなかで怪しい女で子どもを抱いている者に出会って、驚いておびえた。

8 敬語

Step1 解答 18ページ

1 ①エ ②ウ ③ア

解説

①「おぼす」は「思う」の尊敬語。

②「のたまふ」は「言う」の尊敬語。

③「おはす」は「いる」の尊敬語。

現代語訳

①これを聞いて、かぐや姫は、少し気の毒だとお思いになった。

②これはまあ、何ということをおっしゃるのか。

③私が毎朝毎夕見る竹の中にいらっしゃるのでわかりました。

Step2 解答 19ページ

1 ①ア ②イ

2 ①エ ②イ

3 ア

解説

1 ②は補助動詞（ほかの語の下について、補助のはたらきをする動詞）であることにも注意する。

2 ①は謙譲語、②は丁寧語。

3 「召す」は「呼ぶ・招く」や「飲む・食べる・着る・乗る」などの尊敬語。

現代語訳

1 ①壺の中にあるお薬をお飲みください。

②おい、お起こし申し上げるな。

2 ①（天皇の）御前の方に向いて、後ろの方に、「誰々は控えているか」と尋ねるのがおもしろい。

②九月二十日の時分に、ある人に誘われ申して、夜が明けるまで月を見て歩くことがございましたが、……

3 閣を閉めてただ朝夕の鼓の音を聞く

楼に登って行き来する船を遠く見る

河陽館に外出される　弘仁天皇の詩

亡くなった賢い大臣が伝えて言うことには、白氏文集の一編の詩が、渡来して御所にある。とりわけ大事にしまわれ、人が見ることはまったくない。この句はその文集にある。（天皇は文集を）ご覧になったあと、すぐにこの河陽館に外出され、この詩をお作りになったのである。小野篁をお呼びになってお見せになられたところ、すぐに申し上げることには、「『遥』を『空』にすれば、いっそうよいでしょう」と言った。

Step3 解答 20ページ

1 問一 a ア　b ウ　c イ　d エ　e イ

問二 ウ

2 問一 b

問二 持たせたい

解説

1 問一 eは、不幸なりける侍が思った言葉であることに注意する。

問二 直前の「これ」は二つの衣を指している。

2 問一 aは「言う」の謙譲語。cは「聞く」の謙譲語。dは「お～申し上げる」という謙譲の意味の補助動詞。eは「ある」の丁寧語。

問二 「ばや」は、願望を表す助詞。現代語では「～（し）たい」に相当する。

現代語訳

1 今は昔のことだが、高忠といった越前守のときに、とても不幸だった侍で、夜も昼も真面目な者が、冬だが、粗末な衣服を着ていた。雪がひどく降る日、この侍は、掃除をするといって、もののけが憑いたように震えるのを見て、越前守が、「歌を詠め。趣深く降る雪だなあ」と言うと、この侍は、「何を題にいたしましょう」と申し上げるので、「裸である理由を詠め」というと、間もなく震える声を高くして詠み上げる。

裸である私の身に降りかかる白雪はうち震えても消えないことよ

と詠んだので、越前守は大変褒めて、着ていた衣を脱いで与える。北の方も同情して、薄色の着物でとても香りがよいのを与えたので、二つとも受け取って、丸めて、脇に挟んで立ち去った。侍たちが待機しているところに行くと、居並んでいる侍たちが見て、驚き不思議に思って尋ねたが、このようにと聞いてびっくりした。

　さてこの侍は、そのあと姿を見せなかったので、不思議に思って、越前守が尋ねさせたところ、北山に高貴な徳の高い僧がいて、そこへ行って、この手に入れた衣を二つとも受け取らせて、言ったことには、「年を取り老いてしまった。身の不幸は年を追って増えます。今生のことは何の利益もない身であるようです。せめて後生でもどうにかしてと思われて、僧にならせていただこうと思いますが、戒師に差し上げるべきものがありませんので、今まで過ごしてしまいましたが、このように思いがけないものをいただいたので、この上なくうれしく存じまして、これを布施として差し上げるのです」と言って、「法師にしてください」と涙にむせかえって泣く泣く言ったので、徳の高い僧はとても貴く思って、法師にしたのだった。そしてそこから行方不明になっていなくなった。居所はわからなくなってしまったということだ。

2 自害の様子、最期の時の言葉を、さまざまに申し上げなさったので、鎌倉殿（頼朝）は「ああ強くて勇敢な者だなあ。どの人にもこの心を持たせたい。九郎に従っている若武者は、一人として愚かなものがいない。秀衡も見るところがあるからこそ、多くの侍どもの中でこれら兄弟を（家来として）つけたのだった。どうして東国にこれほどの者がいないのだろう。ほかの者百人を召し使うよりも、九郎の志をすっかり忘れて頼朝に仕えれば、大国小国かはさておき、関東八国のどの国でも一国は（与えたのに）」とおっしゃった。

　千葉、葛西はこれを拝聴して、「ああ死にがいのないことだなあ。生きてさえいて捕まえられたならば、召し使われ申し上げるのだがなあ」と申し上げた。

　畠山殿が申し上げることには、「（あなたは）考えが及ばず、うまく死んでおります。死んでおりますからこそ、君（頼朝）もこのような態度でございます。結局は死んでしまう者が、ほかの侍どもに顔を見つめられるのも嫌だろう。忠信ほどの強くて勇敢な者が、日本国をいただいたとしても、（九郎）判官殿の志を忘れ申して、君に必ず使われ申し上げるはずは決してないものだなあ」と、すべて申し上げた。

重要語句

2 あはれ＝ああ。（感動の言葉）

9 物語①

例題 解答 22ページ

ア

解説 「聞きけり」「思ひて」「寄りて」「待ちける」は児の一連の動作である。

Step1 解答 23ページ

1 ①（田舎の）児　②僧

2 （絵仏師）良秀

解説

1 何を見たのかをしっかり確認する。

2 家が火事になり、騒いでも不思議はない人物が主語である。

現代語訳

1 これも今は昔のことだが、田舎の児が比叡山に登って（修行して）いたが、桜が見事に咲いていたところに、風が激しく吹いたのを見て、この児がさめざめと泣いたのを見て、僧が静かにやさしく近づいて、「どうしてそんなにお泣きになっているのですか。この花が散るのを残念にお思いになるのですか。桜ははかないものなので、このようにすぐに散るのです。しかしそれだけのことです」と慰めたところ、「桜が散るようなことはどうしようもないことですから、つらくはない。私の父が作った麦の花が散って実が入らないことを思うのがつらい」と言って、しゃくりあげて、おいおいと泣いたので、がっかりさせられるなあ。

2 これも今は昔のことだが、絵仏師良秀という者がいた。家の隣から出火して、風がかぶさるようにして火が迫ってきたので、逃げ出して大通りに出た。人が（注文して）書かせる仏（の絵）も（家の中に）おられた。また服を着ていない妻子たちも、そのまま中にいた。それも知らず、ただ（自分が）逃げ出したのをよいことにして、向かい側に立っていた。見ると、すでに我が家に（火が）移って、煙、炎がくすぶり出したころまで、おおよそ向かい側に立って眺めていたので、ひどいことですと言って人々が見舞いに来たけれども、（良秀は）騒がない。「どうして」と人が言ったところ、向かい側に立って、家が焼けるのを見てうなずいて、時々笑った。

重要語句

1 わびし＝つらい。切ない。
2 あさまし＝あきれるほどひどい。

Step2 解答　24ページ

1 例朝に食べられるとちの実の数が前日より減ったから。
2 例僧は、いつも一休からものを借りるが、一休には茶うすを貸したがらなかったこと。
3 例弓矢の扱い方も知らず、防戦できそうにないこと。
4 ウ

解説

1 「朝と暮れで七つもらえるのは同じ」であることがわからなかったのである。
2 癖がつくなどというのは言い訳で、もともと貸す気はなかったのである。
3 直前に理由が書かれているので、それをまとめる。
4 「我」が屏風であることを、まず押さえる必要がある。屏風は一行目の内容を問題にしている。

現代語訳

1 中国に狙公という人が、猿をたくさんお飼いになったときに、色々芸を教えたが、そのときとちの実を食べさせたのだった。一日に七つずつ食べさせたが、朝四つ食べさせて色々な曲を教えたところ、猿たちは皆喜んで練習する。暮れにはまた三つ食べさせた。また次の日の朝三つ食べさせたところ、猿たちは怒って練習しなくなった。朝と暮れ（合わせて）七つなので同じことなのに、愚かなものだなあ。世の中の愚かな人にたとえて荘子が言ったということだ。朝三暮四という故事である。このようなことは猿だけではない。人間についても多いことである。注意すべきだと、ある人がおっしゃった。

2 一休が京都にいらっしゃるとき、ご近所に人と比べてとてもけちな僧がいたが、一休に毎度（ものを）お借りすることばかり申し上げた。
あるとき、一休が、あの欲深い僧に茶うすを借りに使いの者をお送りになった。

あの僧が申し上げたことには、茶うすの件の申し出をなさったことは、たやすいことではございますが、よそへお貸ししますと（悪い）癖がついてしまいますので、こちらへ挽きに人を寄こしてくださいと申し上げたので、それだけで止めなさった。

しばらくして、あの欲深い僧が、一休のお寺にはしごを借りに使いをやった。一休がお聞きになってお返事なさったのがおもしろかった。たやすいことではございますが、よそに貸すと癖が悪くなりますので、こちらへお越しになってお登りください。

3 海賊が押し寄せた。弓矢の扱い方も知らなかったので、防戦するにも頼りとする方法がなくて、今は間違いなく殺されるだろうと思って、篳篥を取り出して、（船の）屋形の上に座って、「そこの連中よ。今はあれこれ言っても仕方がない。早く何でも取りなさい。ただし、長年の間、心に深く思ってきた篳篥の、小調子という曲を、吹いてお聞かせしよう。こんなことがあったぞと、のちの話の種にでもしなさい。」と言ったところ、海賊の親分が大声で、「お前たち、ちょっと待ちなさい。あのように言うことだ。聞いてやろう。」と言ったので、船を停泊させて、それぞれ静かになったときに、用光は、今が最期だと思われたので、涙を流して、すばらしい音を吹き出し、心を澄まして吹いた。

4 ある商人は、口癖に「商人と屏風はゆがまなければ立たない。」と言う。あるとき、家の古い屏風の精が、商人の夢に現れて言うことには、「長年私をゆがんだものとばかりお思いなのが、残念でございます。伸びると縮むこそが私の使い道です。しかし、無理に開いて伸ばすと、わずかの時間も立つのが難しい。また、たたんで縮め過ぎると、やはり立つのが難しい。伸びると縮むの中間であれば、長く立って危なげない。そのうえ、足場を、平らに正しくして立てなければ、ただちにひっくり返る。あなたが、この道理を理解しないで、私をゆがんだものとばかりお思いなのは、残念でございます。」と嘆いたとかいうことだ。

重要語句

2 しわし＝けちな。けちくさい。

10 物語②

例題 解答 26ページ

藤原

解説

――線部とほぼ同じ表現があとにある。

Step1 解答 27ページ

1 こと心ありてかかるにやあらむ
2 イ

解説

1 ほかの女のところに行く男を憎いと思っている様子もなく送り出したので、男は不審に思ったのである。「と思ひ」の直前が思った内容である。

2 侍に恨みを持った狐は、人に化けて家に火をつけたのである。

現代語訳

1 そして数年が過ぎると、女は、親が死に、頼るところがなくなるにつれて、（この女と）一緒にみすぼらしい状態でいられようか、いやいられないと思って、河内の国、高安の郡に、（新たに妻を作って）行き来するところができてしまった。しかし、このもとの女は、憎いと思う様子もなくて、送り出したので、男は、浮気心があってこのようにしているのだろうかと思い疑って、庭の植え込みの中に隠れて座って、河内に行くふりをして見ると、この女は、とても美しく化粧をして、物

思いにふけり、

風が吹けば沖の白波が立つ、そんな名前の龍田山を、夜中にあの人が一人で越えているでしょうか

と詠んだのを聞いて、とてもいとおしいと思って、河内へも行かなくなってしまった。

2 今は昔、甲斐の国で国守の屋敷の侍だった者が、夕暮れに屋敷を出て家の方に行った道で、狐にあったのを追いかけて引き目の矢で射たところ、狐の腰に射当てたのだった。狐は射転がされて、鳴きわめき、腰を引きずって草むらに入ってしまった。この男は引き目の矢を拾って行くうちに、この狐が腰を引きずって先に立って行くので、また射ようとするといなくなってしまった。

家がちょうど四、五町先と思われて行くところ、この狐が二町ほど先立って、火をくわえて走っていたので、「火をくわえて走るとはどういうことだ」と思って、馬を走らせたけれど、（狐は）家のところに走り寄って、人（の姿）になって火を家につけたのだった。「人がつけたのだ」と思って、矢をつがえて（馬を）走らせたけれども、（狐は火を）つけ終えたので、狐になって草の中に走り入っていなくなってしまった。こうして家は焼けてしまった。

重要語句

1 前栽＝庭の植え込み。

Step2 解答 28ページ

1 例母に熟した方の実

2 ウ

3 イ

解説

1 蔡順が剥ぎ取りなどする者どもに説明した言葉からとらえる。

2 「たしなむ」は、物事に一生懸命に励むという意味。

3 買い主が牛を買うにあたって何を気にしていたか、売り主が何と言ったか、買ってきた牛はどうだったのかを考える。

現代語訳

1 蔡順は、汝南というところの人である。王莽という人の時代の末に、天下がおおいに乱れて、また飢えと渇きで、食料が乏しかったので、母のために、桑の実を拾ったが、熟したのと熟していないのを分けた。このとき、世の乱れに乗じて、人を殺し、強盗などをする者たちが来て、蔡順に尋ねるには、「どうして二色に拾い分けたのか。」と言ったので、蔡順は、「母が一人いるが、この熟しているのは、母に与え、まだ熟していないのは、自分の（食べる）ためである。」と語ったので、感情に流されない道に外れた者であるが、その人（蔡順）の孝行心を感じて、米二斗と牛の足一つを与えて去った。その米と牛の太ももを母に与え、また自分も常に食べたが、一生の間尽きなかったということだ。これは、孝行のご利益である。

2 あるところに、茗荷のさしみがあったのを、児がこれをつまみ食いしたので、近くにいる人が申すには、「これを昔から今にいたるまで、書物を読んで習得することに励む人は皆、鈍根草と名付け、（食べると）物忘れすると言って、決して食べないものだ」と教えたところ、児は（それを）聞いて「それならば、俺はもっと食おう。ひもじさを食べて忘れよう」と言う。

3 今は昔のことだが、ある人が牛を売っていたところ、買い主が言うことには、「この牛は、力も強く病気もないか」と言うと、売り主が答えて言うには、「ずいぶん力が強く、しかも丈夫な（牛だ）。大阪の陣でいえば真田幸村のようなものだと思ってくれ」と言う。「それならば」と言って買い取る。五月になって、この牛に犂

をかけて田畑を耕させようとしたところ、全く力が弱くて田を耕さず、犂は一歩もひかない。どうかすると人を見ては走り出して、角で、突こう突こうとするので、「何の役にも立たない牛だ。まったく憎いでたらめを言って買わせた。大阪の陣でいえば真田幸村だと申したので、さぞかし強かろうと思ったが、犂は一歩もひかない、そのくせ人を見ては突こうとする」と腹を立てている。ある時、あの売り主にあって、「あなたはいい加減な嘘をついて、人をだまし、犂をひかない牛を、真田だと言って売りつけなさったな」と言うと、売り主が答えて言うには、「そうだろう。犂は一歩もひくまい。人を見ては突こうとするのはそのとおりだろう。だからこそ真田だと申したのだ。大阪の陣で真田は、たびたび突き進みはしても、一歩もひいたことはなかった。その牛もひかないから真田だ」と言った。

11 物語③

例題 解答 30ページ

① ア
② ア

解説

主要な登場人物は嵯峨帝と小野篁だけで、嵯峨帝のほうが、身分が高いということからも考えられる。

Step1 解答 31ページ

❶ 朝廷
❷ 大きなる糞鳶の羽折れたる

解説

❶ かぐや姫は言っておくべきことがあったので、手紙を書いた。その手紙を渡した相手は誰かを考える。

❷ 右大臣殿にじっと見られて正体を現している。

現代語訳

❶ その時に、かぐや姫が、「ちょっと待って」と言う。かぐや姫は「天の羽衣を着せた人は、心が普通でなくなってしまうという。ひとこと言っておくべきことがあった」と言って、手紙を書く。天人は、「遅い」と、じれったくお思いになる。

かぐや姫は、「わからないことを、おっしゃいますな」と言って、とても静かに、帝にお手紙を差し上げなさる。慌てない様子である。

❷ 昔、醍醐天皇の治世に、五条の天神の辺りに、大きな柿の木で実のならない木がある。その木の上に仏が現れていらっしゃる。京中の人がこぞって参拝した。馬、車を置くこともできず、人もせき止められず、大騒ぎして拝んだ。

こうするうちに、五、六日過ぎたが、右大臣殿は納得できないとお思いになったので、「本当の仏が、世の末にお出になるはずがない。私が行って試そう」とお思いになって、正式な服装をきちんと着て檳榔毛の車に乗って、先払いをたくさん連れて、集まっていた者たちを退けて、（牛車の牛につないである）車をはずして榻を置いて、梢をまたたきもせず、よそ見もせずにじっと見て、二時間ほどいらっしゃったところ、この仏は、ちょっとの間こそ花も降らせ、光をも放ちなさったが、あまりにじっと見られて、困って、大きな糞鳶で羽の折れた（糞鳶になり）、地面に落ちて慌ててばたばたするのを、子どもたちが集まって打ち殺してしまった。大臣は「思った通りだ」と言ってお帰りになった。

Step2 解答 32ページ

❶ 汝が朝夕～似たるか
❷ 何とぞ～まはれ
❸ ウ

解説

1 「汝」は戴嵩が小童に対して言った呼び方。

2 願望を表す「何とぞ」に注目する。

3 上人は女を化人だと考えている。

現代語訳

1 あるとき、角を振り尾を立てて、牛たちが戦うのをかく。一段と立派にできたと思って、人々に見せ回った。その後、牛飼いの子どもで、野飼いに出ている者にこの絵を見せ、お前が朝夕世話する牛に、よく似ているかと言って尋ねたとき、牛飼いの子どもは、これを見て笑う。「どうして。」というと、「牛が戦うときは、尾を立てないで腹に尾をつけるものだ。この絵は尾を立てているので、間違っている。」と言った。戴嵩ははっと気がついて、もっともだと感じ、その絵を破った。

2 昔、山越の里に老人がいたが、年々老いて、その上重い病に臥し、望みが少なくなったので、ただ、この谷の桜に先立ち、花を見ないで死ぬ事だけを嘆いて、もう一度花を見て死んだなら、この世に思い残すこともないだろうなどひたすら申していたので、その子は悲しみ嘆いてこの桜の木の下に行って、どうか私の父が死になさらない前に花を咲かせてくださいと誠心を尽くして天地に祈り願ったところ、その孝心を、天地の神々も感じなさったのであろう、一晩の間に花が咲き乱れ、まるで三月のころのようになった。

3 あるとき、冬だったのだろう、怪しげな女が現れまして、「あまりに寒うございます。どんなものでもお与えください。」と申し上げましたので、さぞかし寒かろうと、気の毒にお思いになって、着ていらっしゃった小袖をお与えになった。

そして、あくる日、またこの前の女が来て言うには、「昨日の小袖は、思いがけなく、なくしました。またください。」と言う。すぐにまたお与えになった。そのようなことがあるだろうかとお思いになっているところに、また次の日、筵だけ身にまとって、「着物をひとつください。」と言うのを、この上人はわけがわからないとお思いになって、おっしゃるには、「二度は慈悲心でお前に与えた。それほどは自分の力はない。できません。」とおっしゃるとき、この女は、機嫌が悪くなって、「お前はこの上なく心が小さいことだなあ。心の小さい人の施しを、私は受けない。」と言って、二つの小袖を投げ返して、消えるようにいなくなりました。上人は、化人が来て、私の心を見定めなさったのだと言って、心のありようを自分で恥ずかしく思って、悔い悲しみなさったのが、しみじみと恐れ多く思われます。

Step3 解答

34ページ

1 問一 例 秦の始皇帝が、松の木の下に立ち寄って、にわか雨をやり過ごせたこと。

問二 馬に水飼ふもの

2 問一 水の上に身

問二 ア

3 さやう〜惜しや

解説

1 問一 前に述べられている内容をまとめる。松に位を授ける理由になるのだから、松が秦の始皇帝のためになったという視点でまとめるとよい。

問二 この段落は、秦の始皇帝のエピソードとは違うことに注意。「夏天に道行く人」と「馬に水飼ふもの」のことが書かれている。

2 問一 まず烏は鵜に対して「御身（＝あなた）は果報なるもの（＝幸せ者）かな」と言ったあと、幸せ者だと思う根拠として鵜の様子を述べ、さらにそのあと、「我等は〜」以下で、鵜と対照的な自分の様子を述べている。

問二 「『人の世の有様なぞらへて知るべし』」とは、烏と鵜のやり取りから、人間社会のことを悟ろうという意味。この文章では、烏は鵜が簡単に食べ物を手に入れて苦労なく生活しているように思っているが、実は鵜も見えないところで苦労しているということが述べられているので、それに合うものを選ぶ。

3 「言ふ」などの言葉が使われていないので、内容を丁寧に読み取る必要がある。「さやうにわれを人目にさらし」の「われ」は、貧乏神が自分を指して言っている言葉なので、ここは貧乏神が話している部分だとわかる。会話部分の終わりは、引用を示す「と」に注目する。

現代語訳

1 中国では、秦の始皇帝が、泰山におでかけなさったときに、にわか雨が降り、五本の松の下に立ち寄って、雨をやり過ごしなさった。このことにより、その松に位を授けて、五大夫と呼ぶことにした。その五番目の位を松爵というのは、こういうわけである。

こればかりでなく、夏に道行く人は、木陰で涼んで、（礼として）衣を掛け、あるいは馬に水を与える人は、お金を井戸に沈めて通った。

2 烏が、鵜に言うことには、ねえ鵜さん、あなたは幸せ者だね。水の上に体を浮かべて休みながら、何の苦労もなく、腹の下にいる魚をやすやすと捕って食べなさるものだなあ。私たちは一日中飛び回っても食べ物に出くわすことは少なく、たまたま干している魚あるいは木の実などを見つけても、すべて持ち主があって守りが厳しいので、ひやひやして、簡単に取れることは難しい。このため食べ物が常に不足して苦しい。疲れて羽を休めようとして木にとまれば、また足の苦労がある。あなたをまねて水に入って魚を捕ろうとすると、たちまち水を飲む。ああ、うらやましい鵜さんよ。十分満足なさっている食べ物を少しこちらにも恵んでくださいよ。けちな考えだなあ、と言う。鵜が答えて言う、烏さん烏さん、そのように思ってはいけない。そちらから見なさるには、水に浮かんで何の苦労もなくて食べ物を得ているとお思いなさるでしょうけれど、水の中で足を動かすのはまったく絶え間がない。その苦労は並大抵ではない。その上魚も生きているものだから、なかなかたやすく捕まえることは難しいのです。

3 一　当寺に代々伝わる貧乏神が、夢のお告げによって、来る七月十四日から開帳させるものである。もし参詣がない（場合は、その）方のところへは、貧乏神がお入りになるだろうとの神仏のお告げである。急いで参詣なさるのがよいでしょう。　以上

未五月四日

と書いて、さあ客が集まるぞと、当日になり村中の人が大勢集まっているところに、不思議なことよ、あの貧乏神が現れなさって、そのように私を人目にさらし、銭金を取り込んで繁盛したら、この寺には住みにくい。名残惜しいなあと、夕暮れにかき消えるようにいなくなられる。それにしても知恵だな、知恵だな。

重要語句

2 〜かし＝〜よ。〜ね。（意味を強める）

3 失す＝なくなる。消える。

12 随筆①

例題 解答 36ページ

をかしかりしか

解説

「をかしかりしか」の「しか」は過去を表す助動詞「き」が、係り結びの法則で「言ひたりしこそ」の「こそ」により、已然形になっている。

Step1 解答　37ページ

❶ イ

❷ ①をかしけれ　②ゆかし

解説

❶ 宣命を持たないで昇殿してしまってなすすべのない或人を助けるために、康綱が女房に宣命を渡してもらうように頼んだのである。筆者は康綱のその機転の利く行動を素晴らしいと思っている。

❷ 全体として筆者が好ましいと思う情景が描かれているが、最後の二文では、「男」について、五感に訴えるような素晴らしさが表現されている。①については最後から二番目の文、②については最後の文に注目し、感じたことを表現する言葉を抜き出せばよい。

現代語訳

❶ ある人が、大臣新任式後の宴会の内弁役をつとめられたときに、内記の持っている宣命を受け取らないで、昇殿なさってしまった。大変な失態であるが、戻って受け取ることもできず、思い悩まれているところに、六位の外記の康綱が、衣かづきを着た女房に頼み込んで、その宣命を持たせて、人目につかないように（ある人に）差し上げさせた。すばらしいことであった。

❷ 北の家の陰に消え残っている雪が、ひどく凍っているところに、そばに寄せた車の轅も、霜がすごく光り輝いて、明け方の空に残る月が明るいけれども、曇りがないほどではないときに、人気のないお堂の渡り廊下に、普通ではないように見える男が、女と長押に腰かけて、話をする様子は、何事であろうか、尽きそうもなかった。頭つきや顔立ちなど、とても美しく見えて、何とも言いようのない（すばらしい）匂いが、さっと香ったのも、趣があった。声など、ところどころ聞こえたのも何となく心がひかれる。

重要語句

❷ なみなみにはあらず＝普通ではない→身分が高い。

Step2 解答　38ページ

❶ 例 白い玉を貫いているようであるとたとえている。

❷ ウ

❸ エ

解説

❶ ――線部の前後の文は蜘蛛の巣について書かれているので、注意深く読み取る。「白き玉を貫きたるやうなる」がたとえの部分なので、ここを現代語でまとめればよい。

❷ 直前の「歌いみじうこのむと聞くものを」に注目する。歌が好きなら当然返歌をするだろうと思われるのに、忠隆はそうしなかったのである。

❸ 筆者の思いは歌に込められているので、歌の訳を参考にする。

現代語訳

❶ 九月ごろ、一晩中降った雨が、今朝はやんで、朝日が大変あざやかに出たところに、庭に植えた草木の露が、こぼれんばかりに濡れかかっているのも、とても趣がある。透垣の羅文、軒の上などは、張っている蜘蛛の巣で、こぼれ残っているのに雨のかかったのが、白い玉を貫いたようなのは、まことにしみじみと趣深い。

少し日が高くなると、萩などでとても重そうなものに、露が落ちると、枝が動いて、人が手を触れないのに、不意に上の方に上がったのも、とても趣深い、と言った事々が、（ほかの）人の心には少しもおもしろくないだろう、と思うのも、またおもしろい。

2 そしてその山を作っている日、使者として式部丞忠隆が参上したので、敷物を差し出して世間話をしているところ、「今日は雪の山をお作らせにならないところはありません。宮中の中庭にもお作らせになりました。春宮でも、弘徽殿でもお作りになりました。京極殿でもお作らせになりました」などと忠隆が言うので、

ここだけで珍しいと見る雪の山は、ところどころに降った（雪のために、古くさくなってしまった）なあ。

と作者がそばにいる人を介して言わせると、たびたび首をかしげて、「返歌をして、和歌を汚すつもりはない。風流な和歌である。（天皇のいらっしゃる部屋の）御簾の前で人々に和歌を紹介しましょう」と言って立ち去った。歌をたいそう好むと聞くが、不思議である。中宮定子のお耳に入れると、「すばらしく詠もうときっと思ったのでしょう」とおっしゃる。

3 十月の末頃にちょっと来てみると、薄暗く茂った木の葉たちが残らず散り乱れて、大変しみじみとした感じに全体が見えて、気持ちよさそうにさらさらと流れた水も、木の葉に埋まって、（流れの）跡だけが見える。

澄んだ水までもが澄むどころか住むことをやめてしまったのだなあ。木の葉が散る嵐の山の心細さに。

重要語句

1 つゆ＝まったく（ない）。

13 随筆②

例題 解答 40ページ

思はむ子を

解説

この文章では、僧の生活がとてもつらいことが述べられている。それを最初に「思はむ子を法師になしたらむこそ、心苦しけれ」という言い方で自分の考えとして示している。

Step1 解答 41ページ

1
・かたちにくさげに心あしき人
・みそひめのぬりたる
・あと火の火箸（といふ事）

2 世の中〜けれ。

解説

1 ――線部直後から順番に例を挙げている。

2 人に愛されるのはすばらしい＝人に嫌われるのはつらい。

現代語訳

1 とりえのないもの　容貌がみにくく、根性が悪い人。衣服ののりを塗ったの。これは非常に万人が嫌うものだといって、今（書くのを）やめるべきではない。

また、あと火の火箸ということ、どうして書くのをやめることができようか。世間にないことではないのだが、この草子を人が見るはずのものと思わなかったので、不審なことも、不快なことも、ただ（自分が）思うことを書こうと思ったのである。

2 世の中でやはり大変つらいものは、人に嫌われることであるだろう。どんな変人が、私は人にそのように思われようと思うだろうか、そんな人はいない。しかし自然と宮仕えしているところでも、親兄弟の中でも、愛される愛されないがあるのはとてもつらいことだ。

身分が高い人のことはもちろん、身分の低い人などの間でも、親などがかわいがる子は、注目され注意を向けられて、大切に思われる。世話をするかいがある子は（親がかわいがるのは）道理で、どうして愛さないことがあろうかと思われる。特別なところのない子はまた、この子をいとおしく思うようなのは、親だからこそであるとしみじみ感じられる。

親にも、主君にも、総じて親しい人にも、

人に愛されることほどすばらしいことはあるまい。

Step2 解答　42ページ

❶ ウ
❷ ア
❸ エ

解説

❶ 遊びが話題になっているが、よくないあり方の例として挙げられているだけである。筆者の言いたいことの中心は、「善に伐らず、輩に争ふべからず」の部分にある。

❷ ――線部の直前に理由がまとめられている。

❸ 最後の一文に注目する。老女の話を一般化してとらえる。

現代語訳

❶ すべての遊びでも、勝負を好む人は、勝って楽しみを得ようとするためである。自分のわざが優れていることを喜ぶ。だから負けておもしろくなく感じられることも、また知られている。自分が負けて、人を喜ばせようと思ったら、少しも遊びの楽しさはないだろう。人につまらないと思わせて、自分の心を慰めるのは、道徳に反している。親しい人同士で遊んでも、人をだましあざむいて、自分の知恵が勝っていることを楽しみにする。これもまた礼儀から外れている。

（中　略）

人より、優れようと思うならば、ただ学問に励み、その知恵によって人より優れようと思うべきだ。仏の道を学ぶのは、自分の善行を自慢するのでなく、仲間と争うべきでないということを知ることができるからである。

❷ 関取の谷風梶之助が、若い力士をお供に連れて日本橋の本船町を通ったとき、鰹を買おうとしたが値段が大変高かったので、お供の者に言いつけて、「まけなさい」と言わせて行き過ぎたのを、魚を売る男が呼び止めて、「関取がまけると言うのは、（縁起が悪いので）避けるべきことだ」と言ったので、谷風は引き返して「買え買え」と言って（そのままの値段で）買わせたのもおもしろかった。これは谷風がまけるのではなく、魚を売る男の方をまけさせることなので、それほど避けるべきことではないのを、「買え買え」と言ったのはちょっとあせったと見えた。

❸ 近ごろ名人と言われ、将軍からも紫調をいただいた新九郎が、権九郎といったころ、毎日鼓を精を出して努めたが、まだ自分で納得のいく音が出せないときに、長年召し使っていた老女が、毎朝お茶などを持ってきて権九郎に給仕していたが、あるとき申し上げたことには、「ご主人様の鼓もたいそう上達（なさいました）」との旨申し上げたので、権九郎もおかしなことだと思って、「お前は常に鼓を聞いてはいるが熟練したわけでもない。私の鼓のわざの上達がわかる理由（は何か）」と尋ねて笑ったので、老女が答えて、「私が能楽のことを知るはずもありません。しかし親の新九郎様の鼓を数年聞きましたが、毎朝わかす茶釜に音が特別に響き聞こえました。これまで権九郎様の鼓はそんなことはなかったのですが、この四、五日は鼓の音がいずれも茶釜に響いたので、そのようにして上達を知りました」と答えたということだ。長年聞きなれれば自然と微妙に、善し悪しを判断できるものと、権九郎も感じたということだ。

重要語句

❶ 本意なし＝つまらない。

14 随筆③

例題 解答　44ページ

① 石清水

② 極楽寺・高良

解説
案内者がいないので、極楽寺や高良を石清水八幡宮であると勘違いしてしまったのだ。

Step1 解答
45ページ

1 ア
2 ウ

解説
1 「この」は直前の文を指している。
2 最後の一文に、筆者が評価している内容が書かれている。

現代語訳
1 ある人が、弓を射ることを習うのに、二本の矢を手に挟み持って的に向かう。師匠が言うことには、「初心者は、二本の矢を持つな。二本目の矢をあてにして、初めの矢をおろそかにする心がある。毎度ただ成功と失敗を考えず、この一矢で決めようと思え」と言う。たった二本の矢を、師匠の前で一つをおろそかにしようと思うだろうか、いや思わない。怠け心は、自分ではわからないけれども、師匠にはわかる。この戒めは、すべてのことに通じるだろう。
2 恋人として（女性のところに）来ているのは、言うまでもないが、ただ語り合ったり、またそれほどでもないが、ひょっこり来たりなどする人が、簾の内側に、人々がたくさんいて話をしているところに入って座り、急に帰りそうな様子もないのを、お供の男や、童子などが、あれやこれやとのぞいて、様子を見ると、「斧の柄も腐ってしまいそうだ」と、大変我慢しがたいようで、長々とあくびをして、こっそりと思って言うのだろうが、「ああつらい。煩悩苦悩だなあ。夜中になってしまっただろう」と言っているのは、とても不愉快だ。この（不満を）言う者は、何とも思わない、この座っている人が、風情があると見たり聞いたりしたこともなくなるように思われる。

重要語句
1 得失＝成功と失敗。

Step2 解答
46ページ

1 イ
2 ① 潮の満干
② 例 自鳴鐘や鶏をあてにする

解説
1 ア 「鶴」は、わなにかかっていない。
ウ 「農人」は宿に泊まっていない。
エ 「農人」はもともと「東五郎」が縮を売っている相手。
2 妻が夫をいさめた「時刻は〜ことなり」の言葉をまとめる。

現代語訳
1 天保七年の春、小千谷の縮商人の芳沢屋東五郎という者が、商売のため西国に行き、ある城下で逗留している間に、旅宿の主人の話に、「この近くに住む農民が、自分の田の中に病気の鶴がいて死にそうなのを見つけ、蓄えていた薬用の人参で鶴の病気を養生したところ、何日もたたないで病気が治り飛び去った。そして翌年の十月、二羽の鶴がその農民の家の庭近くに舞い降り、稲二茎を落とし一声ずつ鳴いて飛び去った。主人が拾い取ってみるとその長さは一・八メートル以上で、穂もこれにつれて長く、穂の一枝に稲が四、五百粒ある。主人が思うには、『さては去年の病気の鶴が、恩を返すためにその国からくわえてきたのだろう。何であっても、とても珍しい稲だ。』と思って領主に差し上げたところ、しばらくとどめておいたあと、そのまま主人にくださり、『うまく育てなさい。』とおっしゃるので、田植えのころになって、心を尽くして植え付けたのだが、鶴が与えたのと同様によく育ったので、国守にも差し上げた。」と語った。

東五郎はさらにその村とその人についても尋ね聞いたところ、鶴を助けた人は東五郎が縮を売っている家なので、すぐにその家に行き、もっと詳しく聞いて、「それでは国への土産にしよう、もみを一、二粒くださいませ。」と求めたところ、主人は「越後は米がよく育つ国と聞くので一層育つだろう。」と言って、もみを五、六十粒与えたのを国へ持ち帰って事情を申し上げて、邦君に差し上げたのを、城内に植えさせなさって、東五郎にご褒賞などがあった。

2 ある人が、時刻を知るためにといって、時計を求めようとするのを、その妻が、これを制止して言ったことには、毎日にかける世話だけでない。くるったときには、その（直すための）時間を費やし、時計のために、かえって時間がなくなることが多いだろう。おやめなさいと言うので、それならば鶏を飼うのがよいと言うと、その妻がまた制止して言ったことには、時刻は人の上にある。潮の満ち引きもこれと同じであるにちがいない。時計や、鶏を頼りにするのは、勤めを怠けるものがすることだ、と夫をいさめ、結局鶏も飼わなくなった。

Step3 解答　48ページ

1 (a) からめ　(b) 例上手になるまでの努力を見せない

2 ウ

3 ① この所の神　② たたり

解説

1 (a) まず「かくいふ人」は「能をつかんとする人」と同じであることを把握する。さらに「かくいふ」の「いふ」は直前の「言ふめれど」の「言ふ」を指していること、その「言ふ」の少し前に引用を示す「と」があることに気づけば、その前までが言った内容だとわかる。

(b) (a)でとらえた言葉の内容から考える。こっそり習得してから人前に出ることを奥ゆかしいと考えているようなので、「努力」という語句を用いて言いかえる。

2 祖仙は何のために山中に入ったのかを読みとる。庭で飼っている猿を写生した絵をある人に「山中自在のおもむきにあらず」と言われて山中に入ったのだから、山中自在のおもむきの猿を描くためだと考えられる。つまり、「其真図を得たり」とは、「山中自在のおもむき」にある猿を描けるようになったということである。

3 ① 文中で蛇を指している言葉には「この所の神」、「古くよりこの地を占めたる物」、「王土にをらん蟲」、「鬼神」がある。むやみに掘って捨てられないという問題文の文脈と五字という制限から特定する。

② 「神」「鬼神」を怒らせるようなことをすれば、「たたり」があるのである。

現代語訳

1 一芸を身につけようとする人は、上手にできないうちは、うっかり人に知られないようにしよう。こっそりと十分に習得して人前に出る方が、たいそう奥ゆかしいだろうと常に言うようだが、このように言う人は、一芸も習得することはない。まだまったく未熟なうちから、上手な人の中に交じって、けなされ笑われても恥じることなく、平気でやり過ごして励む人は、生まれつきの才能はないけれど、芸道に停滞せず、自分勝手にしないで過ごせば、才能があっても励まない人よりは、最後には上手の位にいたって、人徳が十分備わり、人に認められて、比べるものがない名声を得るのである。

2 祖仙は、長崎出身の人で、大阪に住んでいた。猿を写生して、画家としての名前はわずかな時間で大変有名になる。世間では祖仙の猿と称して渇望する者が多い。その初め長崎にいる日、猟師に頼んで一匹の猿を買って手に入れた。これを庭の木につなぎ置いて、そのそばにいて猿の様子を写生すること数篇で、最後に絹の織物に清書し、外国から渡来したある人の批評をお願いした。ある人が言うには、「残念だが、この猿は人家で養育されている形であって山中の自在な様子ではない」と言われたので、さらにまた山中に入って努力して励むこと二、三年、とうとう本来の姿を描くことができるようになったと（いうことだ）。

3 （後嵯峨上皇が）亀山殿をお建てになろうとして、地ならしをなさったところ、大きな蛇が、数えきれないほど集まっている塚があった。この場所の神であるといって、事の次第をお知らせしたところ、「（蛇を）どうするべきか」と上皇がお尋ねになったので、「昔からこの土地を居場所としているものならば、むやみに掘り起こしてお捨てになることは難しいです」とその場にいた人々は皆返答いたされたが、この大臣一人は、「上皇が治める土地にいる生き物が、皇居をお建てになる時に、何の災いもたらすはずがありません。神は道理に外れた行いはしません。（蛇は）決して責めるはずがありません。ただすべて掘り起こして捨てるべきです」と進言なさったので、塚を崩して、蛇を大井川に流してしまった。まったく災いは起こらなかった。

ココがねらわれる！

2 一文目の「祖仙、崎陽の人、浪花にすめり」は、「祖仙」のあとに「は」、「崎陽の人」のあとに「で」の、助詞の省略がある。

15 紀行文

例題 解答 50ページ

ア

解説

――線部の前の文に注目する。「旧橋に立ちとどまりて、珍しき渡を興ずれば」とあるので、筆者は橋の上かたもとのあたりにいると考えられる。続く部分から、筆者がそこで見た景色をとらえる。

Step1 解答 51ページ

1 エ

2 梶原が墓

解説

1 ――線部の前までの経験でこのように感じているので、その経験をとらえる。先に進んでいた客人が後ろになったり、自分もまだ来ていない人を先に行かせたりするのである。

2 「人に尋ぬれば、『梶原が墓』となん答ふ。」までが実際に起きた出来事である。そのあとに、そこで考えたことが書かれている。「さはここにてありけり」の「さ（＝それ）」は梶原が討たれた「駿河国吉川といふ所」を指している。墓があったから討たれた場所だと気づいたのである。

現代語訳

1 十四日、蒲原を出発して遠く行くと、前方を進み先に行く客人は、馬に水を与えるために後ろの河にさがった。後から来た私は、野の草に座って、まだ来ていない人を先に行かせる。世の中には先になったり後になったりすることがあると、旅のさだめも思い知られて時が過ぎるうちに、富士川を渡った。

2 さらに過ぎていくうちに、ある木陰に石を高く積みあげて、目立っている塚がある。人に尋ねると、「梶原の墓だ」と答える。（かの梶原景時も）道のそばの土になってしまったのだと思われるのも、顕基中納言が口ずさみなさったという、「年々に春の草の生ひたり（毎年春の草が生える）」という詩が、思い出されて、これもまた古い塚となったならば名前すら残らないのだろうと哀れである。羊太傅の碑ではないけれども、心ある旅人はここでも涙を落とすだろう。かの梶原は、将軍二代の恩をこうむり、武勇と戦略にすぐれているとの名声を得て、並び立つ人はいないように見えた。どのようなことがあったのか、仲間の憤りが深くて、たちまち身を滅ぼすことになったので、ひとまずは逃げのびようと思ったのだろう、都のほうへ馬を走らせて上ったが、駿河の国吉川という所で討たれたと聞いたが、それはここであったのだとしみじみと自然に思い当たる。

重要語句

2 かたへ＝傍らの人。仲間。

Step2 解答 52ページ

1 イ
2 ウ
3 来ては去り去っては来る年々

解説

1 **ア** 召公は公平で寛大な政治を行ったが、「自らぜいたくを戒め」たことは書かれていない。
ウ 東宮が、実政が任国へ下るときに歌を贈ったのである。
エ 甘棠の木の下で政治を行ったのは、中国の召公である。東宮は、召公と甘棠の故事をもとにした歌を実政に贈っただけである。

2 ――線部は「昔物語にはこのような風情もございましょう」という意味。ここから、『源氏物語』にはこのような風情が出てくることがわかるので、**イ**や**エ**は外れる。また等栽はもともと隠士であり、**ア**のように落ちぶれたとは言いがたい。

3 「年」、「旅人」などのわかりやすい言葉を手掛かりに、丁寧に照らし合わせていくこと。

現代語訳

1 中国の召公奭は周の時代の武王の弟である。成王の三公として燕という国を治めた。かつて西の方を治めていた時、ひとつの甘棠の下に座って政治を行う時、役人から始めてもろもろの民にいたるまで、その生活を立てるための仕事を失わず、広くそして、人の訴えを公平に裁き、重い罪を許してやった。国の民はこぞってその徳に厚い政治を慕ったため、召公が亡くなった後までも、その木を敬ってあえて伐らず、歌を作った。後三条天皇が、皇太子でいらっしゃったときに、学士の実政が国司として任命された国へ赴任するときに、「国の民がたとえ甘棠の歌を作っても、忘れてはいけない、長年ともに楽しんだ自然の美しい風物に親しんで詩歌を作ったことを」という自分でお作りになった詩をお与えになったのも、この心であるだろう、本当にありがたいことである。

2 福井は三里ほどなので、夕飯を食べて出発したら、夕暮れ時の道ははっきりとしない。ここに等栽という古参の隠者がいる。いつだったか、江戸に来て私を訪ねてくる。遥か十年余りになる。どれほど年をとって、やせ衰えているだろう、あるいは死んでしまっただろうかと人に尋ねますと、「いまだに生きていて、どこそこにいる」と教える。市中にひそかに入って、みすぼらしい小家に夕顔・へちまがからまり延びて、鶏頭・帚木に戸が隠れてしまっている。「さてはこのうちだな」と門をたたくと、みすぼらしい女が出てきて、「どちらからいらっしゃった仏道修行の僧侶様でしょうか。主人は、この辺りのだれそれとかいう者のところへ行きました。もし御用がありましたらお尋ねください」と言う。その人が妻なのだろうと自然と知る。源氏物語にはこのような風情もございましょうと思ったが、やがて尋ね当て、その家に二夜泊まって、名月は敦賀の湊でと旅立つ。

2 重要語句

わびしげなり＝みすぼらしい様子。

16 和歌と俳句

例題 解答 54ページ

例 沖を風が吹くという意味。

解説

前の言葉からつながっているのは「ふけゐの浦」という言葉全体ではなく、「ふけ」だけであることに注意する。

Step1 解答 55ページ

1 三句切れ

2 きこり

解説

1 最初の三句で民の家に煙が立っていると言い切り、その内容が、民の暮らしが楽になったという判断の根拠になっている。

2 「うき世の中」に帰らないでいたかったのだから、「うき世の中」から来て戻った人物ということになる。

現代語訳

1 （天皇の）位におつきになって高い建物に登って民の家々をご覧になると、民の家に（炊事をする）煙が立っていない。嘆いておっしゃるには、「民の家に煙が立っていない。近い国でさえこのようである。まして、遠い国はどうだろう。今から三年間は国々は貢ぎ物を献上するな。お食事、お召し物、御殿は、ただこのままでよい」と。三年が過ぎて、また高い建物に登ってご覧になると、民の家々は皆煙が立ち上っていた。ご覧になって、「民は富んでいる。私は既に富んだ」と言って、お詠みになった歌である。

　高い建物に登って見ると煙が立っている。民の暮らしは楽になったなあ。

2 斧の柄は朽ちてしまったらまたすげ替えられるだろうに。つらい世の中に帰らないでいればいいなあ。

これは、仙人のすむ岩屋で、囲碁を打って座っていたのを、きこりが来て、斧というものを持っていたのを、支えにして、この打っている碁を見たところ、その斧の柄が、朽ちて砕けてしまったので、不思議だと思って、帰って家を見ると、跡もなく、昔のことで、知っている人もなかったということだ。

Step2 解答 56ページ

1 夏

2 二句切れ

3 C→D→A→E→B

4 B

5 D

解説

1 和歌の中の語句では「時ならずふる雪」（＝雪の季節ではない）と「花たちばなの薫らざりせば」（＝花橘の薫る季節である）から季節感がわかる。和歌の前の文に「五月ついたちごろ」とあるので、これが決定的な根拠になる。ただし、陰暦による季節の区分は現在と異なるので、注意する必要がある。

〈陰暦による季節の区分〉
・春…一～三月
・夏…四～六月
・秋…七～九月
・冬…十～十二月

2 「いづこにも劣らじものを」と「わが宿の世をあきはつるけしきばかりは」が倒置になっていることに注意する。

3 Aは「蝉」があるので夏。Bは「白雪」があるので冬。Cは「梅」があるので春。D は「山吹」があるので秋。Eは「錦」があるので秋。「錦」は色や模様が美しいものをあらわしており、ここでは色あざやかな木の葉（紅葉）のこと。C「梅」が咲くのは二～三月頃。D「山吹」が咲くのは四～五月頃。

4 文中の歌は、十五夜（八月十五日）を詠んでいるので、秋の歌である。また、雁がわたるところにも秋が感じられる。選択肢のAは夏の歌、Cは春の歌、Dは冬の歌である。

5 Dの歌は「雛」を季語とし、季節は春である。

現代語訳

1 五月一日ごろ、軒先に近い花橘が、とても白く散っているのを眺めて、

季節はずれに降る雪かと眺めたことだろうに。（もし）花橘が薫っていなかったら。

2 足柄といった山の麓に、暗く茂り続いていた木のように、（我が家は）木が茂っているところなので、十月ごろの紅葉は、周りの山辺よりも一段とすぐれて美しく、錦を引いたようであるのに、よそから来た人が、「今、来た道に、紅葉がとてもすばらしいところがあった」と言うので、ふと（詠んだ歌）

どこにも劣らないだろうに。我が家の、世間を飽き果てて住む、秋の終わりの景色だけは。

3

A 岩の上をほとばしる滝の流れにもめげず鳴く蝉の声を聞くと、都のことが自然と思い出される。

B この季節は花も紅葉も枝には見えない。だからしばらくは消えないでおくれ、松に積もった白雪よ。

C 梅の花の匂いを道標にして、主人が誰かもわからない家に来てしまったよ。

D 山吹の花は散ってしまった。井出の蛙はいまごろ鳴いているのだろうか。

E 人が住まなくなって荒れ果てた家に来てみれば、木の葉は色づいてまるで錦を織るようだ。

4 今は昔のことであるが、八月十五日の夜は、その名のとおり月が満ちる時分である。この夜は、太陽と月とが真正面に向かい合うので、月の光も特に明るいゆえに望月ともいうのである。また、まんまるに満ちるゆえに餅月というとも言い伝えている。漢詩人や歌人たちは、日ごろから含み句を作って、たった今作ったようにとりつくろい、苦心してうんうん言って詠み出す。そのようであるので日暮れから雲が渦巻いて雨が降り出したら、前もって作った詩歌と相違して、夜が更けても一首も出ない。「浮世房よ、どうだどうだ。」と主君がおっしゃるので、上を向いたり下を向いたり、麦の穂が風に吹かれるようにして考えているちょうどその時、雁のわたる声が聞こえたので、「雲の外に雁を聞いて夜声を。」と唱えてすぐに、ふっと思い至ってこのように詠んだ。

雨が降るので十五夜も真っ暗やみになってしまったが、その暗がりの中に、二千里を渡って行くという雁の声が聞こえてくる。

A 春が過ぎて夏が来たらしい。真っ白な衣が干してあるよ、天の香具山は。

B 秋が来たと目にははっきりとは見えないが、風の音にはっとして気づかされた。

C 人の心はさあどうだかわかりませんが、ふるさとでは（梅の）花が昔通りの（すばらしい）香りでにおっているよ。

D 冬枯れの森の落ち葉の霜の上にさしている月の光が寒々としているよ。

5 A 冬が終わり、ほころび始めた白梅の花が闇から浮かび上がる夜明けを迎えるころとなった。

B なんという閑さだろう。岩にしみ入っていく蟬の声が鳴りひびいていることだ。

C 大紅葉がいま燃えるように赤く染まりつつあるなあ。

D 以前住んでいたわびしい草庵にも新しい人が住み、雛人形を飾っているよ。

ココがねらわれる！

3 立秋の日に詠まれた歌で、秋の気配がほとんどない時期に、視覚ではまだ秋らしさを感じられないものの、聴覚では秋の訪れを感じとるという、するどい感覚の歌である。また、この歌の句切れはない。

Step3 解答

58ページ

1 問一 例 鞠が桜の上にしばらく止まっていること。
問二 例 左衛門督の穏やかな人柄。

2 イ

解説

1 問一 〈Ⅰ〉の歌は、**B**の文章の「木の上の方に高く蹴り上げられて、そこから枝を伝って落ちてくる鞠を地面に落とさないように再び蹴り上げることもあります」という遊び方の一場面だと考えられる。これは蹴鞠の会の様子でもあるので、「とまり」の主語は「鞠」であると判断できる。また下の句に「木伝う枝に散る桜かな」とあり、——線部の「花」は桜のことであるとわかるので、「花」ではなく「桜」と説明した方がよい。古文で「花」と書かれている場合は、梅あるいは桜を意味していることが多い。

問二 まず誰の人柄を表現しているのかを考える。この場面に出てくる人物は「弁内侍」、「兵衛督」、「少将内侍」、「左衛門督」、「大納言」の五人である。このうち蹴鞠をしているのは左衛門督だけで、あとの四人は見物している。**B**の文章に「蹴鞠をしている人物のふだんの人柄についても表現しています」とあること、見物している人たちは左衛門督を話題にしていること、注によると弁内侍が左衛門督に好意を寄せていることから、左衛門督の人柄を詠んだものだと見当がつく。どのような人柄を表現しているかについては、春ののどかさを人柄にあてはめて考える。

2 直前の、引用を表す「と」に注目すると、「辛き思ひ」の内容がその前に書かれているとわかる。それは「けふこそ必ずあやふきめにもあふべき日なれ」である。つまり芭蕉は「今日こそはきっと危ない目にあうことになる日なのだろう」と思っていたのである。

現代語訳

1 日が、暮れかかる頃は、特に趣深うございましたので、弁内侍が、

花の上にしばらくとまっていると見えるけれども、枝から枝を伝って散る桜のように、鞠も落ちてしまうのですね。

少将内侍が、

蹴鞠ももう終わりかと惜しまれる夕暮れの、（蹴鞠の「あり」が）桜に名残あり、ありと聞こえるよ。

落とさずに続いて、梢の向こうへ鞠が飛んだのを、（それを追う）左衛門督の足も早く見えましたのを、兵衛督殿が、「鞠は立派なものですね、あれほど左衛門督を走らせるのですもの」といったのを、大納言が、「私も、そう思っていたのが、まことにすばらしくも名句を言うものだなあ。あなたは傅であるので、この返事をしてほしいなあ」とおっしゃったので、

弁内侍は、
散る花をあまりにも風が吹き、鞠が飛んだのだろう、春はのどかな季節なのと同じように、左衛門督も普段は落ち着きのある方ですのに。

2 主人が言うには、ここから出羽の国に行くには、大山を隔てて、道がはっきりしないので、道案内の人を頼んで越えたほうがよいということを申し上げる。それではと言って、人を頼みましたら、頼もしげな若者が、反脇指（刀）を腰に差し、樫の木のつえを携えて、我々の先に立って行く。今日こそはきっと危ない目にあうことになる日なのだろうと、つらい思いをして、うしろについて行く。主人の言うことに間違いはなく、高山は樹木がうっそうと茂って、鳥の声ひとつ聞こえない。木の下は暗く茂って、夜歩いているようである。雲の端から砂嵐が吹き下ろすような心地がして、篠竹の群生の中を踏みわけ踏みわけして、水の流れを渡り、岩につまずいて、肌に冷たい汗を流して、最上の一帯に出た。その案内をした男が言うには、この道は必ず不都合なことがある。無事に送り申し上げることができて、幸せであったと、喜んで別れた。あとで聞いてさえ、胸がどきどきするばかりである。

第3章 漢文

17 漢文のきまり

例題 解答 60ページ

株有り

解説

「有」の左下にレ点がついているので、下の「株」を先に読み、「有」に返る。「有」には「リ」という送りがながついているので、これをひらがなで補う。

現代語訳

宋の国の人で田を耕す者がいた。田の中に切り株があった。兎が走ってきて切り株に触れ、頸を折って死んだ。そこで、その耒を放り出して切り株をじっと見守り、また兎を手に入れることを強く望んだ。兎を再び得ることはできなかったので、（その人は）宋の国中の笑いものとなった。

Step1 解答 61ページ

1 即ち死蚌有らんと
2 処として気亡きは亡し

解説

1 前から順番に字を追ってみる。まず「即」には返り点がついていないのでこれを読む。次の「有」には二点がついているのでまだ読まない。次の「死」には返り点がついていないので読む。最後の「蚌」は一点がついているので、まずこの字を読んでから二点のついた「有」に返る。

2 最初の「亡」には二点がついているのでまだ読まない。次の「処」はそのまま読む。続く「亡」には一点とレ点がついているので、レ点にしたがってまず下の「気」を読んでから、この「亡」に返り、一・二点にしたがって最初の「亡」に返る。

書き下し文

1 蚌方に出でて曝す。而して鷸其の肉を啄む。蚌合して其の喙を箝む。鷸曰はく、「今日雨ふらず、明日雨ふらずんば、即ち死蚌有らん。」と。蚌も亦鷸に謂ひて曰はく、「今日出でず、明日出でずんば、即ち死鷸有らん。」と。両者相舎つるを肯ぜず。漁者得て并せて之れを擒にす。

2 杞国に人の天地崩墜して身寄る所亡きを憂へて、寝食を廃する者有り。又彼の憂ふる所あるを憂ふる者有り。因りて往きて之れに暁して曰はく、「天は積気のみ。

処として気亡きは亡し。屈伸呼吸のごとき、終日天中に在りて行止するなり。奈何ぞ崩墜を憂へんや。」と。

現代語訳

1 蚌はちょうど水から出て日に当たっていた。そして鷸がその肉を啄んだ。蚌は貝殻を合わせてそのくちばしを挟んだ。鷸が言うには、「今日雨が降らない、明日も雨が降らなかったら、蚌は死ぬだろう。」と。蚌もまた鷸に言った言葉に、「今日出られない、明日も出られなかったら、鷸は死ぬだろう。」と。両者はお互いに離すことを承知しない。漁師が手に入れて、両方ともを生け捕りにした。

2 杞の国にある人で天地が崩れ墜ちて身を寄せる所がなくなることを心配して、日常生活をうまく送れない者がいた。また彼が心配していることを心配する者もいた。そこで行ってその人をさとして言うには、「天は大気が集まったものでしかない。どこにも大気がないところはない。体を曲げ伸ばしたり呼吸をしたりするようなのは、一日中天の中にいて行動しているようなものだ。どうして崩れ落ちることを心配する必要があるだろうか、いやない。」と。

ココがねらわれる!

1 書き下し文にするときは、「而」などは、置き字なので読まない。また、「不」など、助詞や助動詞はひらがなにする。

Step2 解答 62ページ

1 オ

2 従ツテ二漚鳥ニ一游ブ

3 何不二試レ之以レ足

4 見テ二弓影ヲ一

解説

1 レ点のついた「為」は「人」から返り、二点のついた「多」を一点のついた「日」から返る。「也」は助詞なので、ひらがなにする。

2 「従」を「鳥」のあとに読むことになるが、間に「漚」があるので一・二点を使う。

3 「試」をすぐ下の「之」のあとに読むので、レ点を使う。また、「以」もすぐ下の「足」のあとに読むのでレ点を使う。「以」のあとには大きく返って「不」を読むので、一・二点も使う。なお、「ざる」にあたる漢字は「不」で、助動詞なので書き下し文ではひらがなになっている。

4 「弓」をはさんで「影」から「見」に返って読むので一・二点を使う。

現代語訳

1 道は近いといっても、行かなければ到達せず、事は小さいといっても、しなければ達成しない。その性格は、怠け癖のついている人は、大した結果は得られないものだ。

2 毎朝海辺に行き、カモメについていって遊ぶ。カモメでやってくるものは、百という数ではおさまらない。その父が言うには、「私が聞いたところでは、カモメが皆お前についていって遊ぶとのことだ。お前はこれ（カモメを）取って来なさい。私はこれを自分のものとし、思いのままに扱おう。」と。次の日海辺に行くが、カモメは空を舞うばかりで下りてはこなかった。

3 鄭の国の人で履を買いに行こうとする者がいた。まず自分の足の大きさを計り、これをその座席に置き、市に出かける際には、これを持って行くのを忘れた。そして履屋を見つけて言うには、「私は寸法書きを持ってくるのを忘れた。」と。家に帰ってこれを取ってくる。戻ってみれば市はもう終わり、結局履を買いそこねた。人が言うには、「どうして足でじかに計ってみなかったのかね。」と。答えて言うには、「寸法書きのほうがずっと信用できる、自分のからだよりも。」と。

4 疑いの心が勝っている者は、弓の影を見て酌み交わす杯の中に蛇がいると驚き、人の話を聞いて市街の虎を信じる。

18 漢詩のきまり

例題 解答 64ページ

ウ

解説 漢詩の形式をとらえるときには、一行あたりの字数と、行数を数えればよい。この詩は一行あたり七字なので「七言」、四行の詩なので「絶句」である。

現代語訳

黄鶴楼で、孟浩然が広陵に行くのを送る　李白

旧友は西のほうにある黄鶴楼を去り、
春霞の立つ三月、揚州へと長江を下っていく。
たった一つの帆かけ舟の遠く小さな姿が
　青空に消え、
ただ見えるのは長江が地平線まで流れているのが。

Step1 解答 65ページ

1 国破山河在

2 ウ

解説

1 対句は同じ構造の語句が対になるので、この問いのように一行の語句であれば、対になる相手も一行の語句である。また言葉が離れていては対である効果が著しく減少するので、前の行か後ろの行と対になっていると考えてよい。一行目と二行目は内容の関連も深く、構成も同じ（返り点を参考にする）であることから、——線部と対になるのは一行目であると判断できる。これは、第一句と第二句を対句にしているので、対句の例外である。

2 一行が七字なので「七言」、四行で構成されているので「絶句」である。

書き下し文

1 春望　杜甫

国破れて山河在り
城春にして草木深し
時に感じては花にも涙を濺ぎ
別れを恨みては鳥にも心を驚かす
烽火三月に連なり
家書万金に抵る
白頭掻けば更に短く
渾て簪に勝へざらんと欲す

2 江南の春　杜牧

千里鶯啼いて緑紅に映ず
水村山郭酒旗の風
南朝四百八十寺
多少の楼台煙雨の中

現代語訳

1 春望

都は乱で破壊されても山河は変わらずにある。
城郭に囲まれた町にも春が来て、草木が生い茂っている。
戦乱のこのご時世、花を見ても涙を流し、
別れを恨めしく感じては、鳥の声にも心を驚かされる。
戦乱ののろしの火は三か月も続いていて、
家族からの便りは、万金の価値がある。
白くなった頭を掻けば髪はさらに少なくなり、
まったく、冠を留める簪をさすのもさせなくなりそうだ。

2 江南の春

広大な景色の中、鶯が鳴いて、緑と紅とがよく映えている。
水辺の村、山辺の村、酒屋の看板の旗が風になびいている。
南朝時代に建てられた数多くの寺があ

り、
多くの高い建物が、煙るように降る春
雨の中にそびえている

ココがねらわれる!

❶ 三・四行目、五・六行目も対句になっている。律詩では、三・四行目と五・六行目を対句にするというきまりがある。

Step2 解答　66ページ

❶ 五言絶句
❷ 繞ニ葦芦一
❸ 開
❹ これゆきならずと

解説

❶ 一行が五字なので「五言」、四行の詩なので「絶句」。

❷ 漢字を読む順番を考えると、「芦」の次に「繞」を読むので、ここに返り点が必要だが、間に「葦」を挟んでいるので、一・二点を使う。

❸ A～Dを読む順番は、返り点に従うとBACDとなる。書き下し文で使われている漢字の順番は「門・開・小・立」なので、照らし合わせるとAの場所に来るのは「開」だとわかる。

❹ 二点の付いている「不」は一点の付いている「雪」の次に読む。問いの「すべてひらがなで」という指示を見落とさないこと。

現代語訳

❶ 秋風の歌
どこから秋風が吹いてくるのか。
もの寂しげに雁の群れを送る。
(風は)今朝から、庭の木々に吹き込んでいる。
(その音を)孤独な旅人(である私)が最初に聞きつけた。

❷ 月光に浮かび上がる僧の乗った船は、葦芦の生えた水辺を巡る。
僧に仕える少年が、引き潮になることを伝えて、草庵に帰りましょうと促す。
水辺に住む村民が見誤って、釣り舟が着いたのかと思い込む。
争うように砂浜にやってきて、魚を買いたいと求める。

❸ 夏の夜に涼しさを求める
夜の暑さは、相変わらず、昼の暑さと同じである。
戸を開いて、しばらく月明かりの中に立つ。
竹は深く樹木は密に茂って、虫の鳴くところである。
その時、いくらか涼しいと思ったが、これは秋の風が吹いたわけではない。

❹ 梅花
垣根の角にある、数本の梅の枝は、寒さをしのいで、ひとり花を開いているよ。
遠くからでもわかる、それは雪ではないと。
どこからともなく香りが漂ってくるためである。

Step3 解答　68ページ

❶ 問一 知リレ不ルヲレ足ラ
問二 知らざる
問三 ウ
❷ 問一 見テニ両小児ノ弁闘スルヲ一
問二 孔子
❸ 問一 ウ
問二 過ニ五渓一

解説

❶ 問一 まず書き下し文の「ざるを」の部分は漢文の「不」の字にあたり、助動詞なので書き下し文では「不」がひらがなになっていることを確認する。「足」の次に「不」を読むので、「不」の左下にレ点、「不」の次に「知」

を読むので、「知」の左下にレ点をつける。

問二　一文目と二文目が対句的な表現になっていることに注目する。

問三　「相」は「お互いに」、「長ずる」は「成長する・上手になる」という意味。

――線部②の直前は「故に曰く」であるので、その前の内容が――線部②の理由になっているはずである。その内容は「学ぶ→十分でないことを知る→自分で反省できる」ということと「教える→難しさを知る→自分で学ぶ努力ができる」ということである。これを踏まえて考えると**ア**の「学ぶことを優先すれば」、**イ**の「学ぶことは必要なくなり」、**エ**の「切り離さなければ、知識は得られない」などは正しくないことがわかる。

2

問一　書き下し文中の漢字と漢文中の漢字を照らし合わせると、「闘」のあとに「見」を読むようにすればよいことがわかる。したがって、「闘」から「見」に戻るように返り点をつけるが、間に「両小児弁」を挟むので、一・二点を使う。

問二　この文自体には主語は明示されていない。前の文の「孔子東游す。」からの流れで、二人の子どもが言い争うのを「孔子」が見て、その争っている理由を「孔子」が問いただしたとなっていることを読みとる。

3

問一　一行が七字なので「七言」、四行の詩なので「絶句」。

問二　漢詩の「過五渓」にあたる書き下し文は「五渓を過ぐと」である。漢字を照らし合わせると、「五渓」を先に読んで一番上の「過」に返ればよいとわかる。「過」と「渓」の間には「五」があるので、一・二点を使う。

現代語訳

1　おいしい料理があっても、食べなければそのおいしさはわからない。非常に優れた知識や法則があっても、学ばなければそのよさがわからない。このため、学んでその後に十分でないことを理解し、教えてその後に（教えることの）難しさを知る。足らないことを知って、その後に自分自身で反省することができる。難しさを知って、その後に自分自身で学ぶ努力をすることができる。そのようなわけで言うのだ、教えることは学ぶことを助け、学ぶことは教えることを助けるものであると。

2　孔子は東の方に出かけた。二人の子どもが言い争うのを見て、その理由を問う。子どもの一人が言うには、「私が思うことには、太陽が初めて出る時は人から距離が近く、そして太陽の高度が一番高くなる時は遠いと。もう一人の子どもが思うには、太陽が初めて出る時は遠く、そして太陽の高度が一番高くなる時は近い。」と。もう一人の子どもが言うには、「太陽が初めて出る時はその大きいことといったら車のおおいのようで、太陽が一番高くなる時においては、おわんや鉢のようだ。これは遠いものは小さく、近いものは大きいからではないだろうかと。」と。子どもの一人が言うには、「太陽が初めて出るときは、ひんやりとして涼しいが、太陽が一番高くなった時においては、湯に手を入れるようなものだ。これは近いものは熱くて遠いものは涼しいからではないだろうか。」と。孔子は、決めることができなかった。

3　（漢詩の部分のみ）

梅の花はすっかり落ちて、ほととぎすが鳴いている。

聞けば、竜標への旅路は、五渓を過ぎたということだ。

私は晴れ晴れとしない心を明月にあずけよう。どうか風に乗って、まっすぐに、君のいる夜郎の西まで届いておくれ。

ココがねらわれる！

❷ 二文目の「一児曰く」で始まる文は、一人の子が、自分の考えともう一人の子の考えを説明しているのである。

総仕上げテスト

70ページ

❶
問一 在家人
問二 ようぞあるらん
問三 例藤のこぶは、取り尽くして近い所にはなかったから。
問四 ウ

❷
問一 おおいによろこび
問二 この山に～まふべし
問三 例自分の命よりも財宝が大切だとする考え。
問四 死して悔ゆる無き者は
問五 イ
問六 〔よく考えずに行動すると、〕（結局は）自分の身が危うくなり、家も滅んでしまうから。

解説

❶ 問一 この文全体が「在家人」について述べたものである。「信じて」「たのみて」の主語も「在家人」となる。「たのむ（＝頼りにする）」相手、「問ふ」相手はどちらも山寺の僧である。

問二 現代かなづかいでは、「ア段＋う」は「オ段＋う」になるので、「やう」→「よう」と表記する。

問三 直前の「あまりに取り尽くして近々には無かりければ（あまりに取り尽くして近い所には無かったので）」が理由を示している。取り尽くしてしまったものは文脈から「藤のこぶ」と判断できる。何の相談をしても「藤のこぶを煮出して飲みなさい」と教えられるので、その度に藤のこぶを取るため、近くにはなくなってしまったのである。

問四 随筆では文章の最後に筆者の感想や教訓などが書かれていることが多い。そこに注目すれば、文章全体の趣旨をとらえることができる。この文章では「これも信の致す所なり」に注目する。身体の病気を治すのに藤のこぶを煮出して飲むのはともかく、馬を探すのに藤のこぶを煮出して飲んでも効果があるはずはないのだが、結果として馬を見つけることができている。これを、僧を信じたことの結果として、その大切さを説いているのである。

❷ 問一 現代かなづかいでは、語頭以外のハ行の音はワ行になるので、「ほ」→「お」、「ひ」→「い」と表記する。

問二 ——線部①の直前の「と」に注目すると、その前に高札に書かれている内容があると判断できる。句点が途中にあるためわかりにくいが、虎に関する部分が高札の内容である。

問三 「おろかなる人」とは、高札を見てすぐに虎退治に行こうとした人を指している。この人の考えは、「『宝だに持ちたらば、命は何か惜しからん。』と答へし」に表れているので、これを現代語でまとめる。財宝がほしいあまり、それより大切なはずの命を軽視してしまっていることがわかる。

問四 「而」は置き字といい、書き下し文にするときは読まない。「無」に「レ点」がついているので、下の「悔」を先に読む。

問五 [b]には、書き下し文の「成さ

ん」の現代語訳が入る。「成す」は、「達成する、成し遂げる」という意味である。

問六　よく考えないで行動した場合に生じる悪い結果をまとめればよい。虎を殺そうとする人については悪い結果が書かれていないので、「宝集めする者」が最後にどうなってしまうのかを読みとる。理由が問われているので、文末は「～から。」や「～ため。」の形でまとめる。

現代語訳

❶ ある在家の人が、山寺の僧を信じて、日常生活に関わること・仏教に関わることも心から頼りにして、病気になると薬についても尋ねた。この僧は、医学の心得もなかったので、すべての病気に、「藤のこぶを煮出してお飲みなさい」と教えた。これを信じてその通りにすると、すべての病気は治らないことがなかった。

　あるとき、馬がいなくなって、「どうしたらよいでしょう」と言うと、いつものように「藤のこぶを煮出して飲みなさい」と言う。納得がいかないものの、わけがあるのだろうと信じて、（藤のこぶは）あまりに取り尽くして近い所には無かったので、山の麓を探し回っていたところ、谷のそばで、いなくなった馬を見つけた。これも信心から生じた結果である。

❷ Ⓐ 中国の人の物語で、ある人が友だちと語り合って、山のふもとを通ったときに、この山に虎がいて人を食べる。この虎を殺した人がいれば、十万貫のお金を与えようと告知板が立っているのを見て、大変喜んで、腕まくりなどして、そのまま（山に）駆け上がろうとするのを、そばの人がひきとめ、「命は惜しくないのか。」と言うと、「財宝さえ持てば、どうして命が惜しいだろうか、いや惜しくない。」と答えたと語った。愚かな人の考えは、実におかしいことだが、財宝を集める人が、人の恨みや非難を気にせず、間違った手段で財宝を手に入れると、また間違った手段で出ていくこと、どれだけでも出てくるもので、結局は自分の身も危うくなり、家も滅ぶことになるのは、どうしてこの話と違っているだろうか、いや同じである。

重要語句

❶ 万＝すべて。
いかが＝どのように。
つかまつる＝する。いたす。
召す＝飲む。食べる。着る。
やう＝ここでは、わけ。事情。

❷ Ⓐ たまふ＝与える。授ける。
かたへ＝そば。かたわら。
だに＝さえ。
Ⓑ 曰はく＝おっしゃるには。

ココがねらわれる！

❶ 二文目の「とぞ教へける」には、係り結びの法則が働いている。「ける」の終止形は「けり」だが、「ぞ」を受けているため、連体形の「ける」になっている。
　また、三文目の「癒えざる無し」は「癒えざるは無し」などとなるべきところだが、助詞の「は」が省略されている。

❷ 論語で「子」は、孔子のことを指す。